중국문화와 커뮤니케이션

| 정태업·이범열·기유미·최선진 공저 |

부산외국어대학교 출판부

중국문화와 커뮤니케이션

2019년 9월 28일 초판 인쇄
2019년 10월 31일 초판 발행

저 자/ 정태업, 이범열, 기유미, 최선진 공저
발행인/ 정 기 영
발행처/ 부산외국어대학교 출판부
등 록/ 제 14-11-15호
주 소/ 46234 부산 금정구 금샘로485번길 65
전 화/ 051) 509-6465 팩스/ 051) 509-6468
인터넷/ http://press.bufs.ac.kr
편 집/ 주간 · 박영구, 디자인 · 진은혜
인쇄처/ 세종문화사 (051) 463-5898
공급처/ 한국출판협동조합 (02) 716-5616~9

ISBN 978-89-8312-454-8 93720
정가 11,000원

머리말

나날이 발전하고 있는 중국의 성장에 따라 중국어에 대한 중요성도 커지고 있다. 특히 중국어 학습뿐만 아니라 중국인의 삶과 관련된 문화, 역사, 정치 등과 관련된 사항도 함께 중요시되고 있다. 1992년 한중 수교 후, 각 방면에서 우리와 활발한 교류를 이어가고 있으며, 시중에 중국어와 관련된 많은 교재가 출판되어 오고 있다.

본 교재는 중국어 초급단계를 완료한 학습자를 대상으로 회화연습과 함께 중국문화를 이해하는 데 도움을 주고자 하였으며, 단편적인 문화이해가 아닌 한국과 중국의 문화를 서로 비교하는 방식으로 서술하였다.

시중에 나온 교재들은 학습자가 전 연령층을 대상으로 하지만 ≪중국문화와 커뮤니케이션≫ 은 복잡하고 다양한 중국문화 중에서도 대학생들이 관심을 가질만한 "대학 생활"과 관련된 주제를 많이 선정하여 한중 문화 비교 형식으로 써 내려갔다. 또한, 중국문화와 관련된 음식, 기념일, 공연, 어플 소개 등의 주제를 추가하여 학생들이 수업시간 흥미를 느끼고 스스로 한중 문화를 비교할 수 있도록 하였다. 본문과 회화내용은 중국기사와 바이두 내용을 참고하여 중급수준의 학습자들이 학습할 수 있는 난이도로 재구성하였다.

중국문화에 대해 잘 알고 있는 한국 학습자와 중국 학생들이 이 교재를 보면서 공감하거나, 인정하지 않는 부분이 있을 수도 있다. 영토가 넓은 만큼 다양한 문화를 가진 중국이기에 무엇이 옳고, 그름을 떠나 본 교재의 문화 비교를 통해 조금 더 재미있는 주제로 중국어 회화 실력을 향상한다는 데 큰 의의를 두고 있다.

끝으로 이 원고의 교정을 봐주신 쉬리, 순치, 펑이쉬엔 교수님과 학아남 학우님께 감사의 말씀을 전하는 바입니다.

목 차

1. 대학 생활은 처음이지? (上)

한국에선 11월 셋째 주 목요일이 수능!

중국은 6월에 수능?!

한국은 인터넷으로 합격확인! 중국은 입학통지서?

한국은 OT와 MT로 신입생을 보내는데,

중국은 군사훈련?!

대학 생활은 처음이지?(上)

第一次大学生活吗?

중국 대학의 입학선물과 군사훈련

관련어 엿보기

录取通知书
[lùqǔtōngzhīshū]
입학통지서

军训
[jūnxùn]
군사훈련

6月份高考结束后，高三毕业生们即将在9月份开始他们的大学生活。

在中国大学，录取通知书的信封中，有一张自动扣学费的银行卡和一张当地的手机卡，这是学校为新生们提供的便利服务。

韩中大学的一个共同点就是都有着丰富多彩的社团活动和学生会生活。但是中国的大学没有韩国大学里的MT和OT活动，而中国大一新生刚入学时都要参加军训，这是韩国的大学生体会不到的。

- 即将[jíjiāng] 곧, 머지않아 • 生活[shēnghuó] 생활 • 录取[lùqǔ] 합격시키다
- 信封[xìnfēng] 편지봉투 • 当地[dāngdì] 현지 • 提供[tígōng] 제공하다 • 卡[kǎ] 카드
- 丰富多彩[fēngfùduōcǎi] 풍부하고 다채롭다 • 而[ér] 그러나 • 体会[tǐhuì] 체험하다

你要去MT吗?

A: 我们专业下周要去MT活动，你也参加吗?

B: MT?!MT是什么?

A: MT啊，就是英语Membership Training的缩写。

B: 是吗? 下周我们有课啊，能参加MT吗?

A: 下周的课都会停课。

B: 太厉害了吧, 给我一种要军训的感觉呢!

A: 军训?是去当兵吗?

B: 当然不是, 大一新生的军训只是做一些简单的基础军事训练而已。

• 缩写[suōxiě] 약어 • 停课[tíngkè] 휴강하다 • 当兵[dāngbīng] 군대에 가다 • 军事[jūnshì] 군사
• 训练[xùnliàn] 훈련하다 • 只是～而已[zhǐshì～éryǐ] 단지～할 뿐이다

사진 속 단어 이야기

중국어로 MT와 OT에 대해서 어떻게 설명하지?

MT

"MT"就是"Membership Training"的缩写。通常是由学校或者科系间的学生会组织活动，到其他地区或城市游玩。"MT"一般是每年的开学季进行。其目的在于使新生、前后辈互相认识，增进对彼此的了解，结识新的朋友等。 * OT(orientation) = 新生欢迎会

예쁘고 멋진 입학통지서 자랑하기!

录取通知书[lùqǔtōngzhīshū]

一般大学入学通知书里都会有入学指南，里面详细的介绍学生报到的时间、方便入学前准备的东西等。还有通知书里一般还会包含交学费的银行卡，还有校园内有特殊优惠的手机卡。

중국에만 있는 군사훈련 ~

军训[jūnxùn]

根据中华人民共和国国防教育法的规定，大学生必须参加军事训练活动。如果不参加的话会受到相应的处罚。做一些简单基础的军事训练，比如体能训练、方队训练等。

전공 외에 내가 좋아하는 대학 생활은 동아리에서!

社团[shètuán]

具有某些共同特征、爱好的人相聚而成的互益组织。为了使学生能更好地发挥自己的主观能动性，在大学里更好地历练自己，学校决定一个特定的时间，作为社团活动。

원어민 따라잡기

军训是个宝，累倒不得了。

군사교련은 아주 소중한 것으로 피곤해 쓰러질 수 없다.

我们竞选班委吗?

우리가 과대표를 뽑아?

我们去看迎新晚会吧!

우리 신입생 환영회 보러가자!

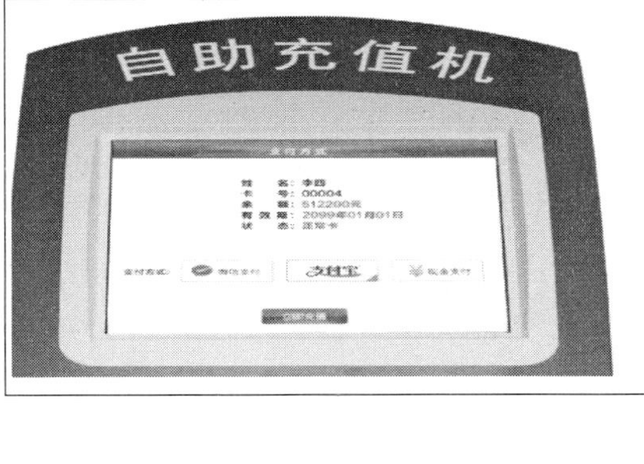

一卡通你充值了吗?

너 이카통카드 충전했어?

一卡通: 은행, 학교, 기관 등에서 IC카드를 사용 각종 업무를 처리할 수 있는 시스템.

[부록]

大学新生活

学习

希望你能认真对待学习，把学习放在一个重要的位置。学好专业课之余一定要扩大知识面，合理调整知识结构，做到文理兼备。

大学新生的第一学期大家都很拼学习成绩（GPA），有一个好的成绩对保研出国深造都是必要的，不要到之后才后悔。前两年要修到接近100学分，大三再修50多学分，大四很少。所以想要保研的话，前两年很重要。第三年专业课对于想出国的人成绩好是很重要的。

平时做到：作业自己完成，尽量不翘课。上课仔细听，多与老师交流，会有很大帮助。理工科还要注重科研实验经验的积累，有能力的话，在大二就要进导师的实验室磨练，大三一般就会出一些成果，发表一些论文。文科生，课外做调研的很多，注意理论联系实际。

人际

大学才是人际关系提升最快的时候。所以注意从几个方面培养：1.与陌生人沟通的能力；2.处理好上下级关系的能力；3.维系与好友的通畅交流；4.必须要有最私密的几个好友，他们是与你休戚与共的。5.注重个人领导和组织能力的培养，在团队中协调和自我定位。

这里说的是目标，还有途径。宿舍班级内活动、科研小组内、社团学生会都是不错的渠道。其实有的人自然流露出的感觉就给人一种亲和力，这就是大学除了专业知识学习之外，另一个最重要的－－个人气场、气质。

2. 대학 생활은 처음이지 (下)

3월 새학기 한국은 수강신청 전쟁!
중국은 정해진 반별로 전공수업 진행!
한국의 1교시는 9시!
중국의 1교시는 8시!
한국은 시간표에 따라 달라지는 점심 시간
중국은 일반적으로 점심 시간이 정해져 있다?!

대학 생활은 처음이지?(下)

第一次大学生活吗?

중국에는 수강신청 전쟁이 없다고 ?!

韩国和中国的上课方式有哪些不同?

第一，中国大学生不能自主选课，而且从大一开始每个班上课的学生是固定的，一直到大四毕业。

第二，韩国早上的课从9点开始，中国是从8点开始，直到下午5点才结束。

第三，中国大学有固定的午休时间，一般从中午12点到下午2点左右都没有课，所以学生们一般吃完午饭后可以午休一会儿，以便下午上课时有精神。

第四，中国大学生的宿舍生活也和韩国大学生的宿舍生活大有不同。因为中国地域辽阔，大部分的学生不能每天都回家，所以必须选择住校。一般每个宿舍有8名同学入住，共用一个卫生间和浴室。

관련어 엿보기

午休时间
[wŭxiūshíjiān]
점심 휴식 시간

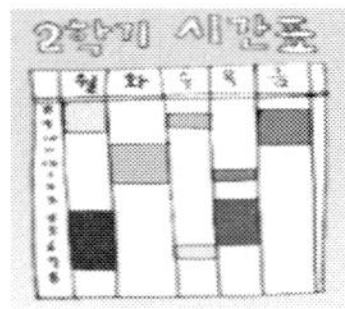

选课
[xuănkè]
수강신청

(大学生)
浴室
[yùshì]
욕실, 목욕탕

• 固定[gùdìng] 고정된 • 以便[yĭbiàn] ~하기 위하여 • 大有不同 큰 차이가 있다
• 精神[jīngshén] 정신 • 辽阔[liáokuò] 넓고넓다 • 浴室[yùshì] 욕실, 목욕탕

第五，中国大学生的毕业条件、和韩国不同。中国的大学生大四下学期时就不用坐在教室里上课，而是需要走入社会，去做实习生。之后要向学校提交自己的实习工作证明、报告书和毕业论文或者毕业设计作品，答辩合格后才能够毕业，结束四年的大学生活。

最后就是关于休学。在中国，除非学生有特殊原因不能上课才会选择休学，此外不能轻易休学，这一点也是和韩国很不一样的地方。

관련어 엿보기

毕业论文
[bìyèlùnwén]
졸업 논문

• 实习工作证明[shíxígōngzuòzhèngmíng] 인턴 경력 증명서 • 报告书[bàogàoshū] 보고서, 리포트
• 设计[shèjì] 설계, 디자인 • 答辩[dábiàn] 답변하다 • 除非[chúfēi] 오직 ~ 하여야
• 此外[cǐwài] 이 밖에 • 轻易[qīngyì] 수월하게, 간단하게

有课，但想出去玩儿，该怎么办!

A: 今天天气真好, 我想出去玩儿。

B: 我们今天旷课怎么样?

A: 旷课? 在中国专业课绝对不可以旷课。

B: 对，韩国也差不多, 但是今天我们只有教养课嘛。

A: 说得也是! 天气这么好，不想在学校呆着!

B: 但是......听师兄说，这门课的老师一定会点名!

A: 是吗?要不，我们找人替课吧!

B: 被老师发现的话，可就要 "吃不了，兜着走"啦。
我们还是乖乖去上课吧，下课后去玩儿也不晚。

- 旷课[kuàngkè] 무단결석하다, 땡땡이치다 • 绝对[juéduì] 절대로, 완전히
- 差不多[chàbuduō] 거의 비슷하다 • 呆[dāi] 머무르다, 멍하다 • 替课[tìkè] (수업) 대리출석
- 吃不了，兜着走[chībùliǎo, dōuzhezǒu] (비유) 대세를 몰라 문제가 생기면 본인이 책임을 지다
- 乖[guāi] 착하다, 말을 잘 듣다 • 师兄[shīxiōng] 남자 선배, 사형

사진 속 단어 이야기

커리큘럼을 중국어로?

课程[kèchéng]

课程是指学校学生所应学习的学科总和及其进程与安排。是对教育的目标、教学内容、教学活动方式的规划和设计，是教学计划、教学大纲等诸多方面实施过程的总和。狭义的课程是指某一门学科。

돈 주면 대리출석 가능?!

替课[tìkè]

是指替课族按照课程长短向雇佣他们的大学生们收取费用。随着需求的增加，替课已经逐步发展成为一个校园中的灰色产业链。

중국에서도 땡땡이가 가능해?!

旷课[kuàngkè]

即逃课，又叫翘课，通指学生无缘无故、没有正当理由而不去学校上课。在校规中，旷课行为一般都属于严重违纪，会受到相应处罚。

사진 속 단어 이야기

중국에서 점심 시간은 무조건 공강!!

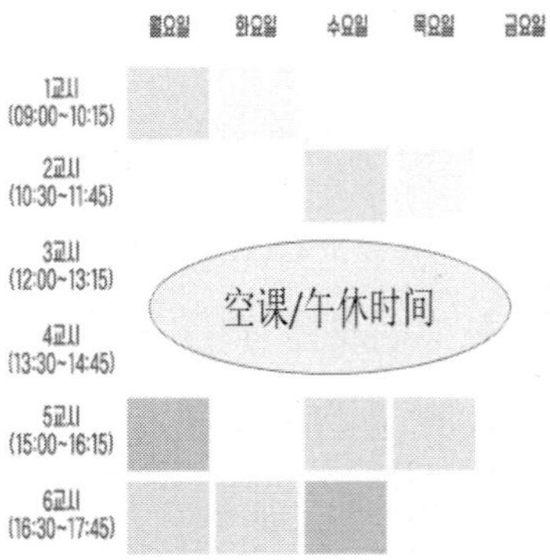

空课[kòngkè]

课堂中间, 没有课的时间。

수강신청 실패하면 연강의 연속 ㅠ_ㅠ

连课[liánkè]

连课就是好几堂课一起连着上。

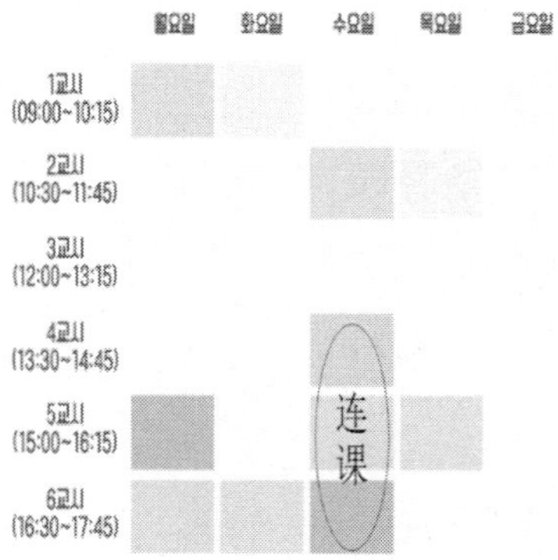

뭐?! 고등학교 야자가 끝이 아니였다고? 자습은 이제 그만 ㅠ_ㅠ

晚自习[wǎnzìxí]

大学里的学习以自习为主，即在课余时间自主选择课本、辅导材料，自主安排学习计划的一种学习方式。早晨上课前的早读称早自习，午饭后可安排午自习，晚上安排晚自习。

원어민 따라잡기

帮我把请假条交给老师吧!

나 대신에 선생님께 결석계 좀 전해죠.

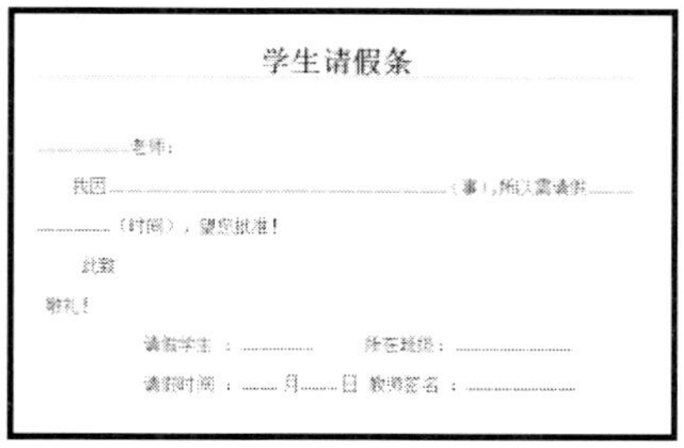

学生请假条

______老师：

我因______（事），所以需请假______（时间），望您批准！

此致

敬礼！

请假学生：______ 所在班级：______

请假时间：___月___日 教师签名：______

经工作人员实地考察，因降大雪导致路面结冰，校车停运一天，涉及全区六个乡镇（蔡庄、口镇、羊里、牛泉、苗山、和庄）所有中小学幼儿园停课一天，因临近寒假，请各学校、各任课教师和家长安排好学生在家认真复习功课。

特此通知，请互相转发。

莱城区教育局

2018年1月28日

停课通知

明天停课，你打算做什么?

내일 휴강인데, 너 뭐 할 거야?

我们去上晚自习吧!

우리 야자 하러 가자!

我今天满课。

나 오늘 공강 없는 날이야. ㅠ.ㅠ

大一新生：要不要加入大学社团?大学社团有哪些好处？

一、锻炼口才，大学大多是自己不认识的人。在陌生的环境下，与人交流是非常需要学习的，相处是需要用心的。有句话怎么说来自“沟通是门艺术”，虽然有点夸张，但是在大学确实需要很好的沟通能力，口才的锻炼是为我们将来步入社会打好基础。“死读书、读死书”的年代过去了。

二、志同道合的朋友，当然也可以用臭味相投来形容，有了他们，让自己的大学生活不至于太无聊，太闷。也算是一个解闷的地方，这里的氛围一直都是很愉快的，大家开开心心地闹一闹，能把心理压力忘掉。星期天的时候，也可以和几个人一起逛街、遛马路。与朋友一起，胜过自己一个人吃饭、一个人看电影、一个人逛商场吧。

三、这里是可以擦出爱情火花的地方，大家终于脱离厚厚的书本了，步入大学的殿堂，不谈一场轰轰烈烈的恋爱吗？小哥哥。在这里因为有志趣相投的人，所以很容易找到自己人生的另一半，不单单是男生，女生也一样的哦。这一点不说太多，自己体会。

四、处事能力，在社团里，不一样的人，不一样的心思，但是大家都会有大小不一的事情发生，交流的过程中，如何才能把事情处理好，这就会一点点的锻炼出来，个人能力也一点点的突显。有些同学确实不太会办事，那么就不能任何事都不做，积极地参加，才能把自己处事能力锻炼好。

五、专业能力，比如自己的专业是播音主持，那么完全可以加入一个类似诗朗诵的社团，这样自己不但可以学好自己的专业课，更能有效的锻炼自己的专业能力，因为很多都是互通的，怎么才能更好的体现自身，这里将是你必须去的地方。不但专业能力提升了，团队意识也能培养上去。

3. 중국의 천지창조는 누가?

서양에는 그리스 로마신화가 있고,
한국에는 단군신화가 있죠?!
그럼 중국에는 어떤 신화가 있을까요?
한국 달에는 토끼 두 마리가 방아를 찧고 있죠?
중국 달에는 누가 살고 있을까요?

중국 신화 얼마나 아니? 신화 속 캐릭터 살펴보기

中国神话知多少?!了解神话中的角色!

중국의 탄생!

관련어 *엿보기*

复仇者联盟
[fùchóuzhě liánméng]
어벤져스

雷神索尔和洛基
[Léishén Suǒěr hé Luòjī]
토르와 로키

《复仇者联盟》中的雷神索尔和洛基，相信大家并不陌生，不仅北欧神话中有各种英雄神仙，中国的神话传说中也有。

中国神话中最具代表性的有盘古开天辟地、女娲造人、精卫填海、后羿射日等等。

在中国神话中，开天辟地的人是盘古。传说盘古从一个蛋中出世，他将混沌的宇宙一分为二，从此天地诞生。盘古死后他的身体也变成了山川大河。在那之后，女娲用泥土捏人，创造了人类，将人类带到了这个世界上，这便是女娲造人的传说。

• 神话[shénhuà] 신화 • 英雄[yīngxióng] 영웅 • 神仙[shénxiān] 신선 • 传说[chuánshuō] 전설
• 盘古开天辟地[Pángŭkāitiānpìdì] 반고가 천지를 개벽하다 • 女娲造人[Nǚwāzàorén] 여와가 인간을 창조하다
• 精卫填海[Jīngwèitiánhǎi] 정위가 바다를 메우다 • 后羿射日[Hòuyìshèrì] 후예가 태양을 쏘다
• 混沌[hùndùn] 혼돈 • 宇宙[yǔzhòu] 우주 • 从此[cóngcǐ] 그로부터 • 诞生[dànshēng] 태어나다
• 泥土[nítǔ] 흙, 점토 • 捏[niē] 빚다, 빚어 만들다 • 人类[rénlèi] 인류

有天，炎帝的女儿在东海玩耍，不幸淹死在海里，她便化成了一只名叫精卫的鸟，常常衔着石头，想把东海填平。所以人们常常用精卫填海，比喻不达目的绝不放弃的精神。

精卫填海

[Jīngwèitiánhǎi]

목적을 달성하기 위해 온갖 곤란을 무릅쓰고 노력하다

传说很久很久以前，天上有十个太阳，大地干涸，草木枯萎，尧帝向天帝祷告，祈求天神保佑。有天，神后羿下凡射下了九个太阳，从此天上就只有一个太阳。草木健康生长，人们从此过上了安居乐业的生活。

后羿

[Hòuyì]

후예

(중국 전설 속의 영웅)

- 炎帝[Yándì] 염제(황제와 더불어 중국의 시조라 일컬음) • 玩耍 [wánshuǎ] 놀다, 장난하다
- 不幸[búxìng] 불행히도 • 淹死[yānsǐ] 익사하다 • 衔[xián] 입에 물다 • 放弃[fàngqì] 포기하다
- 精神[jīngshen] 정신 • 干涸[gānhé] 물이 마르다 • 枯萎[kūwěi] 시들다 • 尧帝[Yáodì] 요임금
- 祷告[dǎogào] 기도하다 • 祈求[qíqiú] 간구하다 • 安居乐业[ānjūlèyè] 평안히 살면서 즐겁게 일하다
- 后羿下凡[Hòuyìxiàfán] 후예가 인간 세상에 내려오다

檀君 VS 盘古!

A: 你不知道吗? 10月3号是韩国的开天节，为了纪念创造古朝鲜的檀君。

B: 哦，听上去就像中国的炎帝黄帝。

A: 那在中国也有纪念炎帝黄帝的节日吗?

B: 这倒没有，所以我觉得开天节听上去特别神奇。

A: 传说，有一头老虎和一头熊祈求太阳神的儿子桓雄将他们变成人，桓雄告诉他们，想要变成人的话，要在山洞里藏一百天，并且只能吃大蒜和艾草。只有通过这个考验，才会变成人。

B: 那谁最终通过了考验呢?

A: 最后只有熊通过了考验，变成了女人，之后熊女就和桓雄结婚，生下了檀君。最终，檀君成为了古朝鲜的开国君主。

- 创造[chuàngzào] 창조하다 • 古朝鲜[Gǔcháoxiān] 고조선 • 檀君[Tánjūn] 단군 • 头[tóu] (양사) 마리
- 黄帝[Huángdì] 황제(중국 신화 삼황오제(三皇五帝) 중 한 사람) • 神奇[shénqí] 신기하다
- 老虎[lǎohǔ] 호랑이 • 熊[xióng] 곰 • 桓雄[Huánxióng] 환웅 • 山洞[shāndòng] 산속 동굴
- 藏[cáng] 숨다 • 大蒜[dàsuàn] 마늘 • 艾草[àicǎo] 쑥 • 考验[kǎoyàn] 시험하다 • 君主[jūnzhǔ] 군주

사진 속 단어 이야기

중국의 하늘과 땅을 분리시킨 반고!! → 북경 유명 반고호텔

盘古开天辟地[Pángŭkāitiānpìdì]

很久以前，天和地还没有分开，宇宙混沌一片。有个叫盘古的巨人，在这混沌之中，一直睡了一万八千年。有一天，盘古突然醒了。他见周围一片漆黑，就抡起大斧头，朝眼前的黑暗猛劈过去。只听到一声巨响，混沌一片的天地渐渐分开了。…… 这样不知过多少年，天和地逐渐成形了，盘古也累得倒了下去。

사람을 창조한 여와

女娲造人[Nǚwāzàorén]

创世女神女娲化身万物 ，每天至少能创造出七十样东西 ，开世造物，因此被称为大地之母 。她是古老相传的大母神。 相传女娲以泥土仿照自己抟土造人，创造并构建人类社会；又替人类立下了婚姻制度，使青年两性相互婚配，繁衍后代，因此也被传为主职姻缘与情爱的皋禖古神。

사진 속 단어 이야기

정위가 메운 바다 이야기~

精卫填海[Jīngwèitiánhǎi]

相传精卫本是炎帝神农氏的小女儿，叫女娃，有一天女娃到东海游玩，溺于水中。死后其不平的灵魂化作花脑袋、白嘴壳、红色爪子的一种神鸟，每天从山上衔来石头和草木，投入东海，然后发出“精卫、精卫”的悲鸣，好像在呼唤着自己。

후예가 쏘아 올린 화살~

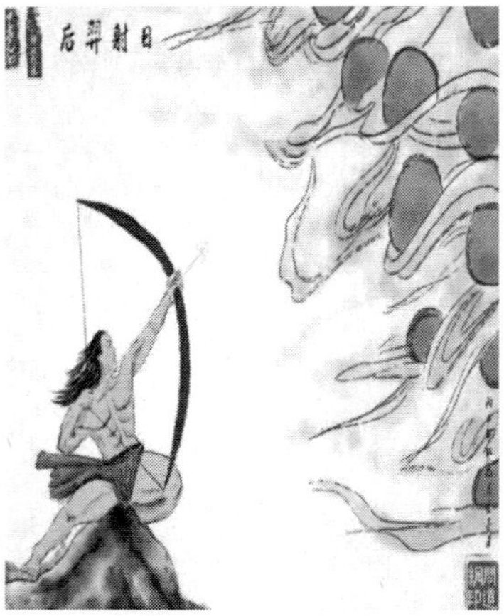

后羿射日[Hòuyìshèrì]

远古的时候，大地出现了严重的旱灾。炎热烤焦了森林，烘干了大地，晒干了禾苗草木。原来，帝俊与羲和生了10个孩子都是太阳，他们住在东方海外，海水中有棵大树叫扶桑。10个太阳睡在枝条的底下，轮流跑出来在天空执勤，照耀大地。但有时，他们一齐出来给人类带来了灾难。为了拯救人类，后羿张弓搭箭，向那9个太阳射去。只见天空出现爆裂的火球，坠下一个个三脚的乌鸦。最后，天上只留下一个太阳。

원어민 따라잡기

你听过中国的神话故事吗?

중국 신화 들어본 적 있어?

韩国原始社会的图腾信仰是熊和老虎。

한국 원시사회의 토템은 곰이랑 호랑이야.

很多电视剧和电影内容取材于中国神话传说。

많은 드라마와 영화 내용은 중국 신화를 바탕으로 하고 있어.

我比较喜欢看希腊神话故事。

나는 그리스 로마신화를 비교적 좋아해.

[부록]

中国神话 (嫦娥奔月)

后羿射下太阳后，他娶了个美丽善良的妻子，名叫嫦娥。后羿除了传艺狩猎外，终日和妻子在一起，人们都羡慕这对郎才女貌的恩爱夫妻。

一天，后羿到昆仑山访友求道，巧遇由此经过的王母娘娘，便向王母求得一包不死药。据说，服下此药，能即刻升天成仙。然而，后羿舍不得撇下妻子，只好暂时把不死药交给嫦娥珍藏。嫦娥将药藏进梳妆台的百宝匣里，不料被蓬蒙看到了。三天后，后羿率众徒外出狩猎，心怀鬼胎的蓬蒙假装生病，留了下来。待后羿率众人走后不久，蓬蒙手持宝剑闯入内宅后院，威逼嫦娥交出不死药。

嫦娥知道自己不是蓬蒙的对手，危急之时她当机立断，转身打开百宝匣，拿出不死药一口吞了下去。嫦娥吞下药，身子立时飘离地面、冲出窗口，向天上飞去。由于嫦娥牵挂着丈夫，便飞落到离人间最近的月亮上成了仙。

傍晚，后羿回到家，侍女们向他哭诉了白天发生的事。后羿既惊又怒，抽剑去杀恶徒，但蓬蒙早逃走了。气得后羿捶胸顿足，哇哇大叫。悲痛欲绝的后羿，仰望着夜空呼唤爱妻的名字。这时他惊奇地发现，今天的月亮格外皎洁明亮，而且有个晃动的身影酷似嫦娥。

后羿急忙派人到嫦娥喜爱的后花园里，摆上香案，放上她平时最爱吃的蜜食鲜果，遥祭在月宫里眷恋着自己的嫦娥。

百姓们闻知嫦娥奔月成仙的消息后，纷纷在月下摆设香案，向善良的嫦娥祈求吉祥平安。从此，中秋节拜月的风俗在民间传开了。

4. 중국 식사 예절과 음식 주문!

"나는 것 중에 비행기 빼고,
다리 달린 것 중에 책상 빼고,
털 달린 것 중에 칫솔 빼고,
헤엄치는 것 중에 잠수함 빼고
모든 것을 먹는다"
음식 주문 순서, 지켜야 할 예절!

중국인의 시선으로 보는 중국 음식문화~

入乡随俗体验中国饮食文化!

중국의 식사 예절

中国人在吃的方面非常重视，无论是天上飞的、地上跑的，还是在水里游的，只要你想得到的，没有中国人做不到的美食。

在中国就餐时，有很多要遵守的礼仪。比如说，要根据不同身份来安排不同的席位；菜的数量一般要双数。同时根据中国人的饮食习惯，中国菜大致出菜顺序为开胃菜、主菜汤、饭后点心和水果。这就是中国酒席上注重先冷后热、先主食后汤，最后上点心和水果的原则。

中国的饮食方面中，包含了很多中国人的日常讲究，比如说，如果吃完鱼的一面，需要翻面的时候，人们不会直接把鱼翻过来，而是将鱼骨剔除来。因为把鱼翻过来意味着可能会有坏事发生。

同时一定要注意的是吃饭时筷子不可以竖着插到饭碗里，因为这看起来很像是给死人上香一样，是不尊重别人的表现。如果招待他人到自己家里做客，当客人把米饭吃完，询问客人需不需要加饭时，不能说“还要饭吗”，因为在中国“要饭”是指乞丐，所以要说“还需要添饭吗”。

관련어 *엿보기*

酒席
[jiǔxí]
연회음식

开胃菜
[kāiwèicài]
에피타이저

要饭
[yàofàn]
구걸하다, 동냥하다

- 重视[zhòngshì] 중시하다 • 无论[wúlùn] ~에도 불구하고 • 遵守[zūnshǒu] 준수하다, 지키다
- 就餐[jiùcān] 밥을 먹다 • 安排[ānpái] 안배하다 • 大致[dàzhì] 대체로 • 注重[zhùzhòng] 중시하다
- 讲究[jiǎngjiū] 소중히 하다 • 竖[shù] 세로 • 上香[shàngxiāng] 분향하다 • 招待[zhāodài] 접대하다
- 询问[xúnwèn] 문의하다 • 是指[shìzhǐ] ~는 ~이다 • 乞丐[qǐgài] 거지

就这样点吧!

A: 欢迎光临，几位想吃点什么?

B: 我们第一次来这儿，有什么推荐的特色菜吗?

A: 我们家最受欢迎的是麻辣香锅、鱼香茄子。

B: 啊! 这样啊! 那就每样来一个吧，再加一个尖椒干豆腐。

A: 好的，知道了，需要什么酒水吗?

B: 啤酒来一箱，还要两瓶白酒。

A: 好的，您稍等。如果还需要别的, 您再叫我。

-------- (吃完饭后) --------

B: 服务员，结账，谢谢。

• 欢迎光临[huānyíngguānglín] 환영합니다 • 推荐[tuījiàn] 추천하다 • 受欢迎[shòu huānyíng] 인기 있는
• 麻辣香锅[málàxiāngguō] 마라샹궈 • 鱼香茄子[yúxiāngqiézi] 어향가지 • 样[yàng] (양사) 종류, 형태
• 样[yàng] (양사) 종류, 형태 • 尖椒干豆腐[jiānjiāogāndòufu] 건두부고추볶음 • 酒水[jiǔshuǐ] 주류
• 啤酒[píjiǔ] 맥주 • 箱[xiāng] 상자 • 白酒[báijiǔ] 백주 • 稍等[shāoděng] 잠깐 기다리다

사진 속 단어 이야기

볶아볶아~

炒[chǎo]
主要是以油做为导热体，将食材用中旺火在较短时间内加热成熟、调味成菜的一种烹调方法。*炒饭，炒菜

삼겹살은 구워야 제맛!

烤[kǎo]
将加工处理好或腌渍入味的食材置于烤具内部，用明火、暗火等产生的热辐射进行加热的技法总称。*烤肉，烤鱼

물에 퐁당!

煮[zhǔ]
煮法是将食材放在大量的汤汁或清水中，先用武火煮沸，再用文火煮熟。
*煮鱼，煮鸡蛋

오른손으로 비비고 ~ 왼손으로 비비고 ~

拌[bàn]
搅和，调匀，是一种冷菜制作的方法。
*拌蒜，拌饭

사진 속 단어 이야기

조미료에 퐁당!

卤[lǔ]

一般指制盐时剩下的黑色汁液，味苦有毒。一般可分为红卤、黄卤、白卤三大类卤味。

*卤煮火烧

튀긴 음식은 모두 맛있어~

炸[zhá]

把食物放在煮沸的油中弄熟：～糕。～鱼。油～。

*炸鸡, 炸薯条

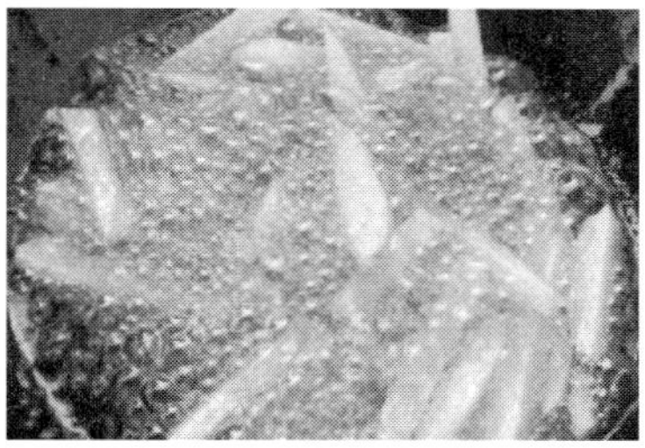

계란후라이~ 지엔빙~ 지글지글

煎[jiān]

指用锅子把少量的油加热，再把食物放进去，使其熟透。表面会稍成金黄色乃至微煳。

* 煎饼, 煎蛋

모든 김치류는 파오!

泡[pào]

指为了利于长时间存放而经过发酵的蔬菜。一般来说，只要是纤维丰富的蔬菜或水果，都可以被制成泡菜。

*泡菜

원어민 따라잡기

您多吃点，不够再点!

많이 먹어! 모자라면 또 시켜!

没事没事，别客气!

아니야~아니야~ 격식차리지마!

服务员，上果盘。

여기요~ 과일 디저트 주세요!

我干了，大家随意。

기분 좋은 만큼 마시자~

扫码点菜!

QR코드 음식주문!

- **중국식당에서 실패 없이 음식 주문하기** 点菜成功!

고기 종류

鸡[jī] **닭**

猪[zhū] **돼지**

牛[niú] **소**

羊[yáng] **양**

鸭[yā] **오리**

맛 종류

甜[tián] **달다**

酸[suān] **시다**

咸[xián] **짜다**

苦[kǔ] **쓰다**

辣[là] **맵다**

모양 종류

片[piàn] **납작썰기**

丁[dīng] **깍뚝썰기**

卷[juǎn] **돌돌감기**

丝[sī] **채썰기**

块[kuài] **덩어리**

丸[wán] **동그랗게**

酸辣土豆丝

芹菜炒牛肉

蚂蚁上树

- 사진 속 조리방법을 참고하여 중국 음식 맞춰보기

酸辣土豆丝
[suānlàtǔdòusī]

시다 맵다 감자 채썰다

* 시고 매운 감자채 요리 *

芹菜炒牛肉
[qíncàichǎoniúròu]

셀러리 볶다 소고기

* 셀러리 소고기 볶음 요리 *

蚂蚁上树
[mǎyǐshàngshù]

개미 올라가다 나무

* 당면과 다진 돼지고기를 볶은 요리 *

요리 이름에 개미가 들어있어서 놀랐죠? 이 요리는 당면에 붙어있는 다진 돼지고기가 마치 개미가 나무를 타고 올라가는 모습을 나타낸 요리 이름입니다~

5. 어느 술이면 말이 술술 나올까?

빈 잔에
빨리빨리
술을 채우는 한국

천천히 잔에 계속
술 채우는

만만디 중국의
술자리 문화

주도(酒道) 면밀한 우리~

喝酒喝久，久久快乐!

经常喝酒的你，知道酒道?

关련어 엿보기

尊卑有序
[zūnbēiyǒuxù]
존비유서

长幼有别
[zhǎngyòu yǒuxù]
장유유서

饮酒文化
[yǐnjiǔwénhuà]
음주문화

饮酒文化反映着一个国家的文化特质。韩国与中国同受儒家文化影响，饮酒文化也存在很多相似之处，比如尊卑有序，长幼有别，在喝酒礼仪中都会体现出来。但韩国和中国的饮酒文化也存在着一定的差异。

例如，在中国喝酒时说“干杯”，是要把杯里的酒喝光，而韩国喝酒时说“干杯”，是为了表达开心，并想与他人分享愉快的心情，碰一碰杯子以此来烘托酒宴气氛，而不像中国人那样非喝光不可，因此韩国人喝酒时经常说着“干杯”，却不会一干到底。还有，在韩国喝酒时，不习惯经常添酒，一定要空杯之后才倒酒。反之，中国人认为添酒是件十分自然的事，也许是因为中国人喜欢“满”字，所以像续茶一样，不断地续酒。

• 反映[[fǎnyìng] 반영하다 • 特质[tèzhì] 특질 • 儒家[Rújiā] 유학사상 • 相似[xiāngsì] 비슷하다
• 礼仪[lǐyí] 예절 • 分享[fēnxiǎng] 나누다 • 愉快[[yúkuài] 유쾌하다 • 烘托[hōngtuō] 부각하다
• 碰[pèng] 부딪치다 • 气氛[qìfēn] 분위기 • 非…不可[fēi…bùkě] 꼭…한다 • 十分[shífēn] 대단히
• 倒酒[dàojiǔ] 술을 따르다 • 添酒[[tiānjiǔ] 첨잔(상대가 술잔을 비우기 전에 항상 잔을 채움)
• 也许[yěxǔ] 어쩌면, 아마도 • 不断[búduàn] 끊임없이 • 续酒[xùjiǔ] 계속 술을 잔에 채우다
• 一干为净 [yígànwéijìng] 단숨에 술을 다 마시다

韩国大学生爱喝什么酒?

A: 今晚系里有开学晚会。

B: 太好了，放假没喝多少酒。今晚简直是好酒（好久）不见了!

A: 瞧，这酒鬼说的可真够幽默的。

B: 我哪儿是酒鬼呀!只是偶尔喝两杯而已。

A: 话说回来，今晚咱们喝烧酒还是啤酒?

B: 这是韩国，当然要喝烧酒了。这还用多说么!

• 晚会[wǎnhuì] 뒷풀이, 이브닝 파티 • 简直[jiǎnzhí] 정말, 완전히 • 幽默[yōumò] 유머러스한
• 瞧[qiáo] 쳐다보다 • 酒鬼[jiǔguǐ] 술고래, 주정뱅이 • 偶尔[ǒu'ěr] 가끔 • 而已[éryǐ] …만, …뿐
• 烧酒[shāojiǔ] 소주

사진 속 단어 이야기: 中国八大名酒

중국 최고의 명주는 역시 마오쩌뚱의 마오타이

茅台酒[Máotáijiǔ]

茅台酒的特点是“酱香突出、幽雅细腻、酒体醇厚、回味悠长、空杯留香持久”，其风格来自于历经岁月积淀而形成的独特传统酿造技艺，酿造方法与其赤水河流域的农业生产相结合，受环境的影响，季节性生产，端午踩曲、重阳投料，保留了当地一些原始的生活痕迹。

지미 카터와 덩샤오핑 마신 오량액

五粮液[Wǔliángyè]

五粮液是四川省宜宾市特产。五粮液有着3000多年的酿造历史，堪称世界最古老、最具神秘特色的食品制造产业之一。五粮液运用600多年的古法技艺，集高粱、大米、糯米、小麦和玉米等之精华，在独特的自然环境下酿造而成。

당나라 궁실에서 날아온 검남춘

剑南春[Jiànnánchūn]

剑南春酒是四川省绵竹市剑南镇特产。剑南春历史最早可以追溯至1500年前唐朝的宫廷御酒。剑南春是现代中国唯一载入正史的中国名酒，也是中国至今唯一尚存的大唐名酒，其传统酿造技艺被认定为国家级非物质文化遗产。

청나라 황실의 지하 술 저장고에서 꺼내온 술

泸州老窖特曲[Lúzhōulǎojiàotèqū]

泸州老窖特曲酒是用入选“国家级非物质文化遗产”的泸州老窖酒传统酿制技艺，承袭特曲在国内外荣获的多项荣誉－－打造出最古老、最醇正、最精华的浓香老味道，是唯一蝉联历届中国名酒的浓香型白酒。

사진 속 단어 이야기

1500년 전통의 펀주

汾酒[Fénjiǔ]

汾酒是中国传统名酒，属于清香型白酒的典型代表。因产于山西省汾阳市杏花村，又称“杏花村酒”。

汾酒以工艺精湛，源远流长，素以入口绵、落口甜、饮后余香、回味悠长特色而著称，在国内外消费者中享有较高的知名度、美誉度和忠诚度。

진시황의 술 : 서봉주

西凤酒[Xīfèngjiǔ]

西凤酒是陕西省凤翔县的特产。西凤酒古称秦酒、柳林酒，有三千多年的历史。西凤酒无色清亮透明，醇香芬芳，清而不淡，浓而不艳，集清香、浓香之优点融于一体，以“醇香典雅、甘润挺爽、诸味协调、尾净悠长”和“不上头、不干喉、回味愉快”的独特风格闻名。

공산당의 약주 : 동주

董酒[Dǒngjiǔ]

董酒产于贵州遵义，因厂址坐落在北郊董公寺而得名。董酒采用优质高粱为原料，以贵州大娄山脉地下泉水为酿造用水，小曲、小窖制取酒醅，大曲、大窖制取香醅，酒醅香醅“串香”而成。风格即有大曲酒的浓郁芳香，又有小曲酒的柔绵、醇和、回甜，还有淡雅舒适的“百草香”植物芳香。

삼국지 조조(曹操)의 술 : 고정공주

古井贡酒[gǔjǐnggòngjiǔ]

古井秉承“做真人，酿美酒，善其身，济天下”核心价值观，致力于打造以白酒主业为核心的“制造业平台”，以商旅和房产为主的“实业平台”，以金融集团为主的“金融平台”和以酒文化、酒生态、酒产业、酒旅游为核心的“文旅平台”。

원어민 따라잡기

感情深一口闷，感情浅舔一舔 。

감정대로 마셔. 정이 깊으면 원 샷 아니면 조금만 마셔도 상관없어.

大哥真是海量啊。

큰형님의 주량은 정말로 대단하십니다.

敬酒不吃，吃罚酒。

권하는 술은 마시지 않고 벌주를 마시다.

酒逢知己千杯少，话不投机半句多。

술은 지기를 만나 마시면 천 잔으로도 모자란다, 술은 마음이 맞는 사람과 마셔야 한다.

"酒" 관련된 성어

1. 杯酒解怨　서로 술잔을 나누고 있는 사이에 묵은 원한을 잊어버림.
2. 好酒贪杯　술 타령만 하다.
3. 酒余茶后　술과 차를 마시며, 마음껏 휴식하며 소일거리하다.
4. 灯红酒绿　주색에 빠진 방탕한 생활.
5. 对酒当歌　방탕한 생활을 비유하여 이르는 말.
6. 酒肉朋友　쾌락만을 추구하고, 어려울 때는 전혀 도움이 안 되는 친구.
7. 酒后失言　술 마시고 말을 실수하다. 술로 인한 실언.
8. 诗朋酒友　술 마시며, 시를 읊는 친구.
9. 大酒大肉　성대한 술자리(연회). 진수성찬. 푸짐한 요리.
10. 千日醉酒　천일동안 취하는 술. 좋은 술.
11. 愁长殢酒　근심이 길어져서 술에 빠지다.
12. 妇人醇酒　주색에 빠지다.
13. 桂酒椒浆　좋은 술을 말함.
14. 浆酒藿肉　호사스러운 음식.
15. 酒囊饭包　무능한 사람을 비꼬는 말로, 먹고 마시기만 잘하는 사람.

Happy Day
LOVE
DAY
LOVE
DAY

6. 운명처럼 널 사랑해~ (대학생의 연애)

캠퍼스 낭만 대학생들의 연애 이야기
중국 대학생들의 이성친구는 어디서 만날까요?
중국에는 대학교별 소개팅이 있다고 하네요!
데이트 때 돈 지불은 누가? 결혼은 언제 쯤 할까요?

캠퍼스에서 김서방 찾기?!

在联谊会当中找姻缘!

중국 대학생들의 "만남의 장소"

在中国，成为大学生后最想做的一件事情，就是谈恋爱。大家来自天南海北，彼此从陌生到熟悉。很多人都想在大学时遇到相互支持的伴侣，拥有一份浪漫的爱情。

但是在校园里萌生的爱情走到最后的并不多。如果有幸遇到合适的人，那就从秋天开始甜蜜的恋爱吧!

怎样才能遇到合适的人呢?在韩国，大学生们热衷于去参加3对3的聚会，也会有同一所学校不同学科之间的小规模聚会，而在中国，不同学校间的联谊活动比较多。

在中国，因为每个学校的特色不一，有些特定的学校或专业，男女比例失衡的现象特别多，比如，外国语大学和师范大学的女生很多，而理工科的学校，男生就会比较多。所以中国的高校之间喜欢举办各种联谊会，有助于不同学校间的学生们增加相互交流认识的机会。除此之外，比较有中国特色的还有同一所学校男女生宿舍间的小联谊会。

관련어 엿보기

谈恋爱
[tánliàn'ài]
연애하다

命中注定
[mìngzhōng zhùdìng]
운명으로 정해져 있다

联谊活动
[liányìhuódòng]
친목활동

- 天南海北[tiānnánhǎiběi] 아주 멀리 떨어져 있다 • 彼此[bǐcǐ] 피차, 상호 • 陌生[mòshēng] 낯설다
- 支持[zhīchí] 지지하다 • 伴侣[bànlǚ] 반려, 동반자 • 拥有[yōngyǒu] 보유하다, 가지다
- 浪漫[làngmàn] 로맨틱하다 • 合适[héshì] 적당하다, 알맞다 • 热中于[rèzhōngyú] 열중하다
- 聚会[jùhuì] 회합, 모임 • 规模[guīm] 규모 • 规模[guīm] 규모 • 特色[tèsè] 특색
- 比例失衡[bǐlìshīhéng] 비율이 안 맞다 • 举行[jǔxíng] 거행하다, 개최하다

我的理想型是……

A: 小李，下课之后一起吃饭吧。

B: 恐怕不行，我今天已经和女朋友约好了。

A: 和女朋友? 真羡慕你啊!

B: 你也赶紧找一个吧!对了，你的理想型是什么样的?

A: 我喜欢短发、大眼睛、笑起来有酒窝的女生，就像陈妍希那样。

B: 和我喜欢的类型完全不一样呢！如果我女朋友的闺蜜里有符合你条件的女生，我介绍你们认识吧。

A: 那太好了，真希望能尽快结束我的母胎单身生活。

B: 母胎单身?这是最近的流行语吧。

A: 对，就是说，像我这样从出生起就一直没有谈过恋爱的人。

• 恐怕[kǒngpà] 아마~일 것이다 • 羡慕[xiànmù] 부러워하다 • 赶紧[gǎnjǐn] 서둘러, 급히
• 理想型[lǐxiǎngxíng] 이상형 • 酒窝[[jiǔwō] 보조개 • 陈妍希[Chén Yánxī] 중국 여자 연예인 이름
• 类型[lèixíng] 유형 • 闺蜜[guīmì] 여성들 사이의 아주 가까운 친구(절친) • 符合[fúhé] 부합하다
• 尽快[jǐnkuài] 되도록, 빨리 • 母胎单身[mǔtāidānshēn] 모태솔로

사진 속 단어 이야기

양다리 걸치기!

劈腿[pītuǐ]

形容一个人感情出轨、脚踏两条船甚至多条船的代名词。比喻的是一个人恋爱时候同时和两个人保持暧昧或者恋爱关系。

이런 사람! 만인의 연인!

中央空调[zhōngyāngkōngtiáo]

他们有个特性，不只会对单一的同性或者是异性友好，给所有的人感觉都是，对待所有的好友没有情感的偏差，此类人的优点就是场控效果比较好。

♬내 거인 듯 내 거 아닌 내 거 같은 너~♪

暧昧[àimèi]

这是指的是男女之间态度含糊、不明朗的关系。是一种很特别的男女关系，存在于友情之间，又超然于友情之上。

내가 어장 관리녀? 중국에선 타이어 관리!!

（男/女）备胎[bèitāi]

明知道男人不爱自己，只是想玩弄她而已，依旧傻乎乎地投怀送抱，男方也乐意接受，我们把这类傻女人泛称为"女备胎"。

사진 속 단어 이야기

늦바람이 분다~

出轨[chūguǐ]
源于交通名词，引申到社会婚姻学中来说明对感情不忠的现象，也可以区分为精神出轨，身体出轨。

손 하트 ♡♥

比心[bǐxīn]
这是一种网络流行手势，指用手比一个心型，使用拇指和食指相交成爱心的形状来表达对粉丝或是朋友的友好表达方式。(= 韩国heart手势)

완전 부럽다. 나는 질투의 화신 ~

柠檬精[níngméngjīng]
是指嫉妒别人的感情。现多用于自嘲式地表达对他人从外貌到内在、物质生活到情感生活的多重羡慕。

원어민 따라잡기

爱你！么么哒！

사랑해! 뽀뽀!

女人心海底针。

여자의 마음은 알 수가 없다.

爱你直到天荒地老。

하늘만큼 땅만큼 사랑해!

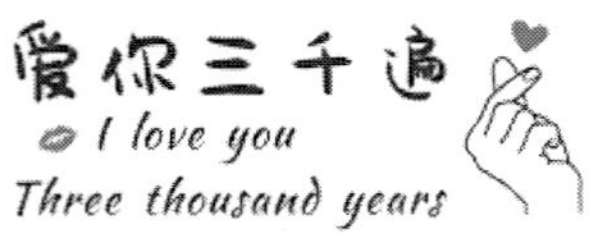

我爱你，爱你三千遍。

-复仇者联盟4中-

3000번 사랑해!

最美的不是下雨天，是曾与你躲过雨的屋檐。

—不能说的秘密中—

가장 아름다운 것은 비오는 날이 아니라,

처마 밑에 너와 함께 있는 것이다

[부록]

大学生谈恋爱的好处

1. 提高情商、更早成熟、促进成长

谈恋爱可以提高自己的情商，长时间地和另一个人相处，你会变得多替他人考虑、更温柔、更有担当，这可以促使自己更快地成长成熟。再说，恋爱是人生的重要组成部分，工作后可能由于工作繁忙、年龄问题等因素，没法再好好谈一场什么也不用考虑的恋爱，所以大学时应该好好谈一场恋爱。

2. 共同学习、进步，一起变优秀

中学时谈恋爱可能会影响学习，但是大学并不完全是这样。学霸情侣一起拿奖学金、一起考研的例子数不胜数。其实，大学时谈恋爱只要运用得当，确实可以促进学习的进步。因为进入了同一学校，能力水平大多是差不多的，可能会有共同的话题、共同的目标，平时约图书馆一起学习，然后一起进步、一起变优秀，这会是一种美好的经历。

3. 丰富大学的日常生活

大学一般是以寝室为小团体，做什么事都是一个寝室一起，但是由于寝室的人可能比较多，一群人在一起总是会出现一些小矛盾，有时候很难达成统一，所以虽然住在一起，自然也没法达到亲密无间的地步。而如果你有对象，对象就可以成为你亲密无间的朋友，两个人情投意合，平时有什么事都可以和对象说，多一个为自己分担的人，远在他乡，也多一个照顾自己的人。假期时，还可以一起看电影、吃饭、旅游，这些都是非常美好的。

BUFS
BUFS
BUFS

7. 낭만 대학 생활의 꽃 동아리 활동~

대학 생활 동안

수업만 듣고 집에간다면

진정한 대학 생활이 아니죠!

각종 중앙동아리 활동을 하면서

취미생활도 즐기고

새로운 사람들도 만나고!

그렇다면 중국에도 동아리가

있을까요?

어떤 동아리가 있을까요?

활기찬 대학생활을 함께할 나만의 친구 찾기~
请不要错过寻找知音的机会!

대학생활의 꽃 동아리 활동!

大学社团是学生自发组织起来的团体。通过社团活动，能开阔视野，培养创新精神和实验能力。中国高校的学生社团是大学生为了满足心理、文化、爱好等需求而自发准备的。并经高校相关部门批准备案而成立起来的非正式群众组织，大部分以娱乐为主要目的。海外的一些著名高校很早就意识到了社团对于促进大学生创新能力和实践能力的作用，美国高校众多的学生社团组织与活跃的社团活动造就了政界、商界、科技界、艺术界的杰出人才。

现在，中国的高校逐渐发现学生社团活动的重要性，但学生创新活动的广度和深度远不及海外大学，因此中国应该借鉴海外成功的高校社团对于创新能力促进的经验，来提高大学社团的发展水平。

관련어 엿보기

大学社团
[dàxuéshètuán]
대학 동아리

群众
[qúnzhòng]
대중,민중

杰出人才
[jiéchūréncái]
걸출한 인재

- 团体[tuántǐ] 단체 • 开阔[kāikuò] 넓히다 • 视野[shìyě] 시야 • 培养[péiyǎng] 양성하다, 키우다
- 创新[chuàngxīn] 창의적 • 精神[jīngshén] 정신 • 实验[shíyàn] 실험하다 • 经[jīng] 거치다
- 自发[zìfā] 자발적인 • 批准[pīzhǔn] 허가하다 • 备案[bèiàn] 준비하다 • 组织[zǔzhī] 조직하다
- 娱乐[yúlè] 즐거움 • 著名[zhùmíng] 저명하다, 유명하다 • 活跃huóyuè] 활동적이다
- 促进[cùjìn] 촉진하다 • 实践[shíjiàn] 실천하다, 실행하다 造就[zàojiù] 육성해 내다
- 逐渐[zhújiàn] 차츰차츰 • 借鉴[jièjiàn] 참고하다

加入哪个社团最好?

A: 来韩国已经两个月了, 生活太单调，有点儿无聊。

B: 来加入我们的社团吧。

A: 你加了社团了吗? 什么社团?

B: 城市游览社。

A: 你们社团都有什么活动呢?

B: 我们会跟留学生一起去城市游览，互相交流学习外语。

A: 听上去很有意思，我也想加入你们的社团。

• 单调[dāndiào] 단조롭다 • 建议[jiànyì] 건의하다, 제안하다 • 加入[jiārù] 가입하다, 참가하다
• 游览[yóulǎn] 유람하다 • 观光[guānguāng] 관광하다

사진 속 단어 이야기

사랑과 정이 많은 동아리

北京大学爱心社[BěijīngDàxuéAàixīnshè]
北京大学爱心社是中国高校第一家由学生自发成立的志愿服务社团。成立以来，爱心社不断发展壮大，坚持从事爱心活动。

낭만의 문학 동아리

文学类社团[wénxuélèishètuán]
文学类社团是最有魅力的社团，加入文学社可以提升文化底蕴，养成优雅的气质。诗词歌赋，散文，小说是社员每天都要接触的文学体裁，在这里社员可以尽情挥洒自己的想象力和文学天赋，成为名副其实的文学才子。

음악 동아리 "知音"을 찾아라.

音乐社团[yīnyuèshètuán]
音乐社团主要针对音乐系的学生。他们从高中甚至初中开始就受过了专业的训练，可以在音乐社团里边继续锤炼自己的技艺，为自己以后的工作奠定良好的基础。

원어민 따라잡기

兴趣是最好的老师。

관심이 가장 좋은 선생님입니다.

让社团帮你发现自己的闪光点。

동아리에서 본인만의 장점을 찾으세요.

社团是你展现青春和才华的舞台。

동아리는 당신의 젊음과 재능을
찾을 수 있는 무대입니다.

咱们在社团里培养团队精神。

우리는 동아리에서 협동심을 기르고 있어요.

中国著名的社团

[中新网2013季3月19日电]

据民政部网站消息，目前中国已有1788个全国性社团，据初步统计，这些社团中设有分支机构、代表机构的社团为960个，共设立分支机构7795个，代表机构167个。

近日，国家民间组织管理局2008年度全国性社会团体年检工作会议在京召开。会议发布了2008年度全国性社团年检工作要求。息称，关于分支机构的年检，之前只是对设立的名称、数量作简单的填报要求。

在前两年的执法监察和收到的举报中，分支机构发生问题的较多，部分社会团体对其分支机构、代表机构疏于管理，个别分支机构的违规违法活动在社会上造成了较坏的影响。

今年，要对分支机构进行专项检查，具体措施包括两部分：一是在年度工作报告书中增加分支机构、代表机构情况表，要求社团设立的每个分支(代表)机构都要填写一份；二是在社团年检审计中要求对独立核算的分支(代表)机构进行连带审计。据悉，今年全国性社团年检内容增加：一是增设分支机构、代表机构专项检查；二是增加社会团体参与汶川大地震抗震救灾的情况；三是配合公益捐赠税前扣除政策的落实，对相关条件进行检查。

据了解，为进一步促进贯彻落实，为社团申请公益性捐赠税前扣除资格提供便利，同时也为了登记管理机关在今后受理申请时方便审查，今年将部分属于申请条件的事项做成表格由社团在年度工作报告书中填写，主要增加了两个表格，一是接受监督管理情况，二是社会团体公益活动支出情况。

8. 내가 갈 대학은 어디에 있지?

오매불망, 조마조마 기다리고

기다리던 까오카오 점수...

이 점수로 어느 대학에 갈까?

중국 학생들의

대학과 전공

선택의 기준은?

15	南开大学	综合	72.67	72.79	72.86	71.35
16	山东大学	综合	72.58	72.57	72.92	71.14
17	中南大学	综合	72.28	73.2	71.6	71.53
18	西安交通大学	综合	72.13	72.28	72.43	70.25
19	厦门大学	综合	71.66	71.95	71.08	73.01
20	哈尔滨工业大学	理工	71.59	71.41	72.04	70.41
21	北京航空航天大学	理工	70.65	72.08	69.37	70.38
22	同济大学	理工	70.14	70	69.81	72.16
23	天津大学	理工	70.03	69.99	69.98	70.45
24	华东师范大学	师范	69.9	69.81	69.84	70.58
25	东南大学	综合	69.69	69.33	69.88	70.32
26	中国农业大学	农林	68.46	67.36	68.99	70.64
27	华南理工大学	理工	68.38	67.48	68.32	72.34
28	湖南大学	综合	67.92	67.09	68.35	69.48

까오카오(高考)도 끝났고, 이제 어느 학교로 갈까~

대학, 전공의 선택 "帝王之道"가 있어요!

高考是每个学生人生中必须要经历的大事，很多人高考后都要面对报考大学的问题，进入什么样的大学是由分数的高低来决定的，分数越高，进入好大学的可能性也就越大。

首先， 根据自己的分数，尽量选择感兴趣的专业, 只有选择了自己感兴趣的专业，才会有更多的学习动力。很多人毕业后才领悟到兴趣是最好的老师，因此报考时选择自己喜欢的专业最为重要。

其次，如果你没有特别的专业要求或爱好，那就选择名气大一点的学校吧。好大学具有深厚的学术传统、良好的学术氛围。名校的毕业生工作或考研的机会也很高。不过也有例外，有些学校可能不是很有名，但是里面的某个专业却很有名，在这个领域里名列前茅，如果你能被录取，那么毕业后同样会具备不少优势。

最后，你心仪的几所学校在专业水平及名气等方面不相上下的话，重点看学校所处地区。一般来说选择发达地区会比较好一些，发达地区的发展机会相对而言更多一些，而且在那里生活能让你开阔眼界、增长见识。

관련어 엿보기

高考
[gāokǎo]
중국의 대학 입학 시험
(高等学校招生考试)

报考
[bàokǎo]
시험에 응시하다.
(=报名投考)

名列前茅
[míngliè qiánmáo]
석차(서열)가 앞에 있다.

- 报考大学[bàokǎodàxué] 대학에 응시하다 • 动力[dònglì] 동력(動力) • 毕业[bìyè] 졸업하다
- 领悟[lǐngwù] 깨닫다, 이해하다 • 深厚[shēnhòu] 기초가 튼튼하다 • 氛围[fēnwéi] 상황, 정세
- 考研[kǎoyán] 대학원 시험을 보다 • 领域[lǐngyù] 분야, 영역 • 发达[fādá] 발달
- 心仪[xīnyí] 마음에 흠모하다 • 不相上下[bùxiāngshàngxià] 우열을 못 나눈다
- 眼界[yǎnjiè] 견문 • 见识[jiànshi] 지식

你要报考哪所大学哪个专业?

A: 你想报考哪个学校?

B: 我想报考复旦大学。

A: 复旦大学? 太厉害了，那是重点大学。学风学术也都很棒!
专业方向呢，想学什么专业呢?

B: 我想拿双学位，在考虑中文系的现代汉语专业和经济系的金融专业。

A: 修双学位的话肯定很难吧?

B: 一定为了自己的目标努力奋斗的，再难也难不倒我。
老爸，您放心好了，我会尽力而为的。

A: 好， 这才是我的儿子。

• 重点大学[zhòngdiǎndàxué] 중점대학, 우수대학 • 学风[xuéfēng] 학풍 • 棒[bàng] (수준) 높다
• 修[xiū] 수업을 이수하다 • 双学位[shuāngxuéwèi] 복수전공 • 尽力而为[jìnlì'érwéi] 최선을 다하다

사진 속 단어 이야기

새 시대의 새 "맹모삼천지교(孟母三迁之教)"는 불법입니다!

高考移民[gāokǎoyímín]

高考移民是一个非常复杂的社会现象，从教育内部来看，主要是高等教育资源配置不均衡，基础教育发展不均衡等问题所产生的矛盾在高考中的一种集中反映或者说集中体现。从教育外部情况来看，主要是个别省份的户籍、学籍制度管理不严，使有些人有了可乘之机。

어려운 시험에 합격(金榜题名)하셨습니다. 축하합니다.

金榜题名[jīnbǎngtímíng]

科举时代称殿试揭晓的榜；题名：写上名字。指科举得中。金榜，科举时代殿试揭晓的榜单。金榜题名指考试被录取，名登金榜之上。

까오카오(高考)는 등용문(鲤鱼跳龙门)의 기회입니다!

鲤鱼跳龙门[lǐyútiàoLóngmén]

鲤鱼跳龙门是汉语俗语，一般用于比喻中举、升官等飞黄腾达之事，又用作比喻逆流前进；奋发向上。古代传说黄河鲤鱼跳过龙门，就会变化成龙。比喻今非昔比、飞黄腾达。

사진 속 단어 이야기

지치지 않고 열심히 공부하는 자만이 성공할 수 있습니다!

孜孜不倦[zīzībújuàn]

孜孜不倦是汉语成语，是指工作或学习勤奋不知疲倦。通常指教师或学生工作或学习勤奋不知疲倦。

出处：《后汉书·鲁丕传》

대학 합격통지서를 받던 날 크게 울었습니다

抱头痛哭[bàotóutòngkū]

指十分伤心或感动，抱头大哭。

出处：清·刘鹗《老残游记》第四回

무엇을 할 것인지 어떻게 할 것인지 마음에 다 있습니다.

胸有成竹[xiōngyǒuchéngzhú]

原指画竹子前要在心里有一幅竹子的形象。后比喻在做事之前已经拿定主意。

出处：宋·苏轼《文与可画筼筜谷偃竹记》

원어민 따라잡기

你的分数能上哪所重点大学呢?

너 어느 중점대학(명문)에
진학할 수 있겠어?

我男朋友总是用功学习到深夜。

내 남친은 항상 밤 늦게까지
열심히 공부해.

高考作弊，千万不能碰!后果非常严重…

까오카오 부정행위, 절대금물이야!
그 댓가는 아주 엄청나…

经过一年的努力，学渣变成了学霸。

일 년간의 노력 끝에, 벼락치기가 학벌로 변했다.
(공부 못하던 사람이 똑똑한 사람이 되었다.)

9. 중국의 졸업생들은 민간 기업으로~

중국에서도
대학 4학년생은
취업준비에
한참이다.
중국 학생들은 어떠한
졸업 후에
어떠한 직장을
꿈꾸는가?

중국 젊은이들은 어디로 취업하나?

民企成为就业新高地!

젊은이들은 대도시 민영기업으로 간다!

最近调研显示，一流高校毕业生在“北上广深”等大型城市以外的就业率超过了 50%，民企成为就业新高地。这两点其实都不算意外。“北上广深”虽然是高校毕业生的就业地首选，但房价物价很高，再加上二、三线城市“抢人大战”，不在大城市就业的情况逐年增加。

就业市场上民企的作用也非常重要。2017年民营企业创造了全国60%以上的GDP、50%以上的税收、80%以上的就业岗位。

去年，毕业生们选择杭州的三大理由是：互联网等新兴行业带来了更多工作机会；人文自然环境俱佳；就业和创业机会多。这三个理由中，有两个和民企相关。互联网等新兴行业的优秀公司大多是民企，这些企业对大学生具有强大吸引力。所以，能否培育出更多优秀的民企成为城市能否在“抢人大战”中胜利的重要因素。优秀民企越多，城市竞争力便越高。所以各个城市应从政策到行动上善待民企，改善民企生存状况，这都将有利于解决大学生就业问题。

관련어 엿보기

北上广深
[běishàng guǎngshēn]
베이징, 상하이, 광저우, 선전시

民营经济
[mínyíng jīngjì]
민영 경제

互联网
[hùliánwǎng]
인터넷

• 调研[diàoyán] 연구 조사 • 就业率[jiùyèlǜ] 취업률 • 普遍[pǔbiàn] 보편적 • 意外[yìwài] 의외의
• 二、三线城市[èrsānxiànchéngshì] 중소도시 • 抢人大战[qiǎngréndàzhàn] 인재 유치전
• 逐年[zhúnián] 해마다, 매년 • 岗位[gǎngwèi] 직책, 업종 • 俱佳[jùjiā] 모두 좋다 • 吸引力[xīyǐnlì] 매력
• 培育[péiyù] 기르다 • 竞争力[jìngzhēnglì] 경쟁력 • 因素[yīnsù] 요소 • 善待[shàndà] 좋게 대하다

就业要提交简历、两张照片、毕业证书和学位证书。

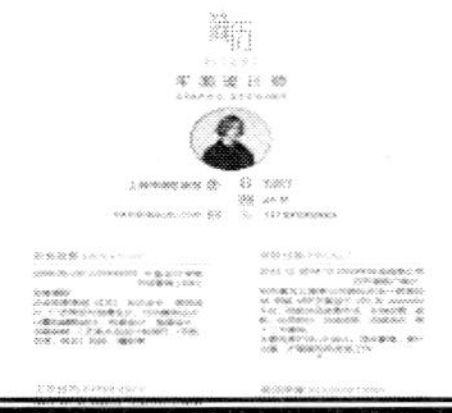

A: 我这儿有个好消息。你猜猜是什么?

B: 你别卖关子，快说吧，我等不及了。

A: 我在报纸上看到了你想去的那家公司的招聘信息。

B: 真的吗? 需要提交什么材料呢?

A: 不需要一份简历和两张照片。

B: 需要提交毕业证书和学位证书吗?

A: 对，这两个也是必须准备的。

• 猜[cāi] 추측하다 • 卖关子[màiguānzi] 조바심 나게 하다 • 等不及[děngbují] 기다리지 못하다
• 招聘广告[zhāopìnguǎnggào] 구인광고 • 提交[tíjiāo] 제출하다 • 简历[jiǎnlì] 이력서
• 材料[cáiliào] 자료 • 毕业证书[bìyèzhèngshū] 졸업증서 • 学位证书[xuéwèizhèngshū] 학위증서

사진 속 단어 이야기

취업을 위한 첫걸음: 구직서

求职信[qiúzhíxìn]

求职信是求职者写给用人单位的信，目的是让对方了解自己、相信自己、录用自己，它是一种私人对公并有求于公的信函。求职信的格式有一定的要求，内容要求简练、明确，切忌模糊、笼统、面面俱到。

기업을 향한 나의 절규.

应聘[yìngpìn]

应聘是接受聘问，接受聘请。应聘时用人单位向求职者发出聘用要求，求职者根据自身的需要，是对用人单位的聘用要求进行回应的一种行为。应聘前应做好各种心理准备，包括社会需求、职业选择，薪金等。

중국 청년들의 로망인 외자기업

外商投资企业[wàishāngtóuzīqǐyè]

简称外企，是指依照中国法律在中国境内设立的，由中国投资者与外国投资者共同投资，或者由外国投资者单独投资的企业。

사진 속 단어 이야기

중국경제의 버팀목: 국영기업

国营企业[guóyíngqǐyè]

国营企业作为一种生产经营组织形式，同时具有商业类和公益类的特点，其商业性体现为追求国有资产的保值和增值，其公益性体现为国有企业的设立通常是为了实现国家调节经济的目标，起着调和国民经济各个方面发展的作用。

작아도 내 일을 해야 열심히 하지.

个体户[gètǐhù]

个体户是对城乡个体工商户的一种俗称，是在我国法律允许范围内，不剥削他人、自食其力的劳动者。实际生活中，个体户一般经营各种修理服务行业、服装加工业、家庭手工业、个体运输业、饮食业小商品及政策允许的其他生产性、服务性的行业。

백수 & 백조

待业青年[dàiyèqīngnián]

待业青年俗指城镇中暂时未解决劳动就业问题的知识青年。等待就业，这是上世纪八十年代改革开放之初应为不再为高中毕业的国有企业子弟分配工作，导致大批不能继续进行教育的中学毕业生等待分配就业，所以生出"待业青年"一词。

원어민 따라잡기

贵公司需要什么样的人才呢?

귀사는 어떤 인재가 필요한가요?

不要等待机会，而要创造机会。

**기회는 기다리는 것이 아니라
창조해 내는 것이다.**

就业越来越难，甚至很多“海归（海龟）”
都变成了“海待（海带）”。

**취업이 점점더 어려워지니,
심지어 수많은 “해외유학파(바다거북)”도
“유학파 취업 대기자(미역)”가 되었다.**

大学生找工作时必须要知道的
就业常识, 不然容易吃大亏!

**대학생의 취업에는 반드시 취업에 관한 상식을
알아야 한다, 아니면 큰 손해를 본다.**

[부록]

择业原则(직업 선택의 원칙)

1. 发挥个体优势的原则

不可否认，每个人在素质上是有差别的，正可谓"骏马能历险，犁田不如牛；坚车能载重，渡河不如舟"。因此，大学毕业生选择职业时，要真正做到扬长避短，充分认识和发挥自己的素质优势，以自己的特长或某一优势来考虑职业选择，为今后顺利、出色地完成本职工作奠定基础。这也充分体现了"人尽其才、才尽其用"的原则，更体现了自己对人生、对事业负责的态度，以及对社会高度负责的精神。

2. 争取及时就业的原则

面对严峻的就业形势，处于求职期的大学毕业生必须把握力争及时就业的原则。一是要调整好择业心态，合理确立就业期望值，注意克服脱离现实、攀比、盲目选择等心理情绪的干扰，避免由于自身择业观念而导致"有岗上不了、有职任不了、有业就不了"的人为行业情况。二是要正确认识就业的动态性，改变"一步到位"、"从一而终"的择业观，避免盲目地东挑西选，或过于精挑细选而错失及时就业的机会。三是要采取勇于竞争、不怕挫折的态度，积极主动地探寻就业机会，避免在消极等待中延误择业时间。

3. 面向未来的原则

大学生在初次选择职业时，要立足现实、瞄准长远，用发展的眼光找准自己的用武之地，牢牢把握职业选择的主动权。无论你选择干什么，只要你选择的是正确的人生方向，都有机会走向成功。应该看到，同样是做基础性的工作，但由于大学生自身素质高，能够迅速掌握行业规律、发现商机和提高技术、管理、服务水平，在工作成效上与没受过高等教育的人是不一样的。例如，大学生擦皮鞋擦出了连锁店，养猪养出了几百万的效益，养鸡养出了亿元户，志愿者当上了村委会主任。现实中，有越来越多的大学生选择从看似不起眼的工作起步，脚踏实地奋斗，正在为实现自己的人生价值奠基。

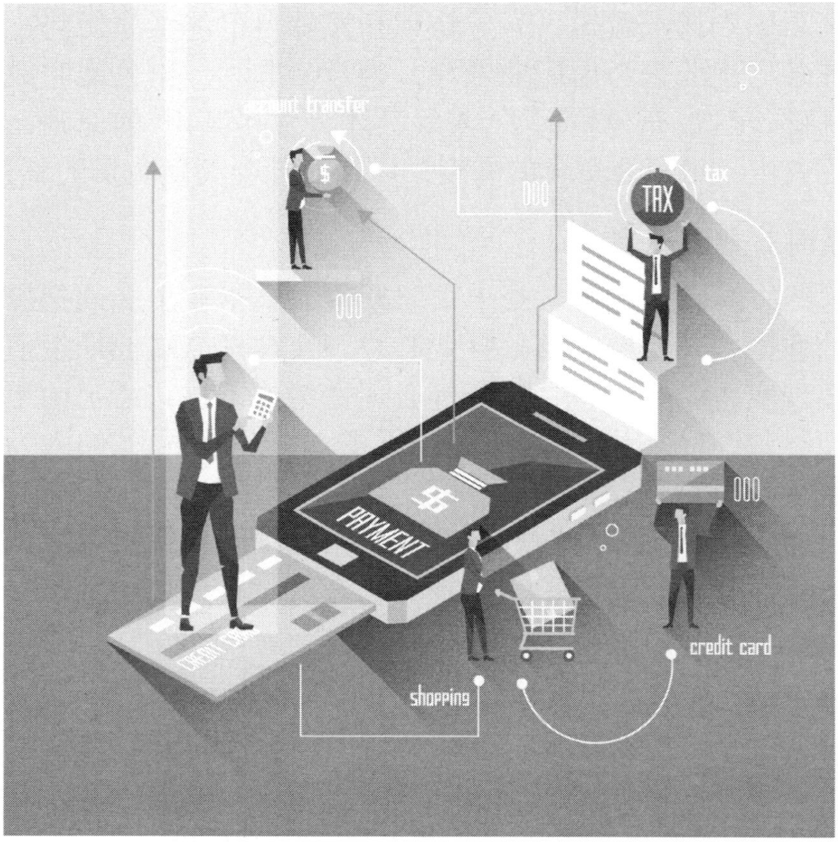
account transfer
tax
TAX
PAYMENT
CREDIT CARD
shopping
credit card

10. 스마트폰(智能手机)과 함께하는 나의 하루

어플(应用)만 깔면 안되는 게 없다구~

아침이 밝았습니다~~!
또 다시 나의 하루가 시작됩니다.
나를 깨우는 알람소리~~♫♬
오늘의 날씨와 뉴스를 확인하고,
웨이보(微博)를 둘러보고,
웨이신(微信)으로 채팅을 하고,
은행 업무를 처리하고,
밥을 먹으면서,
심지어 화장실에 가서도,
또 길을 걸어가면서까지,
나는 길치라서
네이게이션(导航)도
필요하거든요.
학교 공지 알림이 울리네요.
나의 하루는
언제나 그대와 함께하지요.
자꾸만 보고 싶은 그대
智能手机!!

스마트폰(智能手机)과 함께하는 나의 하루
어플(应用)만 깔면 안되는 게 없다구~

只要有智能手机，下载软件，世界就在你的眼前。

휴대폰 어플 순위

관련어 엿보기

1. 微信

微信是一款手机通信软件，通过手机网络发送语音短信、视频、图片和文字，微信可以单聊及群聊,还能根据地理位置找到附近的人，带给朋友们全新的移动沟通体验。

微信
[wēixìn]
위챗

2. 淘宝

淘宝靠着淘宝网强大的自身优势，淘宝商城和天猫为一体，通过手机淘宝可以更方便、更随时随地进行购物；更具有搜索、比价、物流订单查询、安全支付宝支付、收藏评价、我的动态、打折促销、手机专享、购物车合并付款等功能，比浏览器网页方便太多。

淘宝
[táobǎo]
타오바오

3. 酷狗音乐

酷狗是最受欢迎的音乐播放器，有强大的音乐搜索和高速下载功能，是全球最全的音乐曲库，具有最专业的音频解码核心技术和多种音频格式的高级播放。

酷狗音乐
[kùgǒuyīnyuè]
음악어플

- 支付宝[zhīfùbǎo] 중국 모바일 전자결제 앱 • 排行榜[páihángbǎng] 순위 • 视频[shìpín] 동영상
- 单聊[dānliáo] 개인톡 • 群聊[qúnliáo] 단톡하다 移动沟通[yídònggōutōng] 모바일 소통하다
- 体验[tǐyàn] 체험하다 • 随时随地[suíshísuídì] 언제 어디서나 상관없이 • 搜索[sōusuǒ] 검색하다
- 订单[dìngdān] 주문서 • 查询[cháxún] 자료를 검색 • 专享[zhuānxiǎng] 전문적으로 즐기다
- 促销[cùxiāo] 판매를 촉진하다 • 浏览器[liúlǎnqì] 브라우저 • 网页[wǎngyè] 인터넷 홈페이지
- 播放器[bōfàngqì] 미디어플레이어 • 曲库[qǔkù] 음악 보관함 • 音频[yīnpín] 디지털 주파수
- 解码[jiěmǎ] 코드 해독하다

4. 美图秀秀

一款免费处理图片的软件。美图秀秀有图片特效、美容、拼图、场景、边框、饰品等功能，可以1分钟做出影楼级照片，还能一键分享到新浪微博、人人网、QQ空间、朋友圈等。

美图秀秀
[měitúxiùxiù]
사진어플

5. 美团

美团外卖是目前中国最大的外卖网上订餐平台。美团外卖在北京、上海、杭州、广州、天津等全国300个城市提供网上预订送货上门服务，如定餐、送餐、药品配送、超市百货、水果送货上门等都可以上美团外卖官网。

美团
[měituán]
외식 배달 어플

6. 沃阅读

沃阅读业务是中国联通开发的app，满足客户对于各类图书、杂志、漫画、报刊和多媒体读物的阅读需求，通过手机、电视机、计算机、手持阅读器等以web、彩信、短信和电视互联网等提供多媒体阅读服务。

沃阅读
[wòyuèdú]
전자책어플

- 特效[tèxiào] 특효 • 拼图[pīntú] 그림, 퍼즐 맞추기 • 场景[chǎngjǐng] 연극 또는 영화 장면
- 边框[biānkuàng] 틀 모퉁이 • 饰品[shìpǐn] 액세서리 • 订餐[dìngcān]음식을 주문하다
- 影楼[yǐnglóu] 사진관 • 平台[píngtái] 플랫폼, 작업 환경 • 送货[sònghuò] 배달하다
- 上门[shàngmén] 방문하다 • 送餐[sòngcān] 요리 배달하다 • 定餐[dìngcān] 요리 주문하다
- 配送[pèisòng] 배송하다 • 官网[guānwǎng] 공식사이트 • 手持[shǒuchí] 손에 쥐다
- 报刊[bàokān] 간행물 • 彩信[cǎixìn] 멀티미디어 메시지

在应用商店中下载软件

A: 天啊! 我忘了带钱包。怎么办呢!

B: 别担心。用手机支付就可以。
(拿出手机扫了二维码)

A: 好高级啊! 这个怎么用啊?

B: 你先下载支付宝软件。然后绑定你的银行卡就可以用了。
现在很多中国人也经常使用微信支付。
微信既有跟朋友聊天儿的功能，还有付款、汇款的功能。
很方便!

A: 那我也要下载一下。我好像在机场也看到过支付宝的标志。

B: 对啊。商店、酒店都可以用。你看，这样扫一扫就可以了!

A: 这么简单! 真棒!

• 二维码[èrwéimǎ] QR코드 • 汇款[huìkuǎn] 송금하다 • 真棒 [zhēnbàng] 매우 대단하다
• 绑定[bǎngdìng] 연결시키다.

사진 속 단어 이야기

QR코드 스캔만 하면 웹사이트로 GOGO~!
결제도 쉽게 QR코드로 스캔~!

二维码[èrwéimǎ]

二维码又称二维条码，常见的二维码为QRCode，QR全称为“Quick Response”，是一个近几年来移动设备上超流行的一种编码方式，它比传统 的Bar Code条形码能存更多的信息，也能表示更多的数据类型。

한국에 카카오스토리가 있다면!
중국에는 朋友圈이 있죠~!

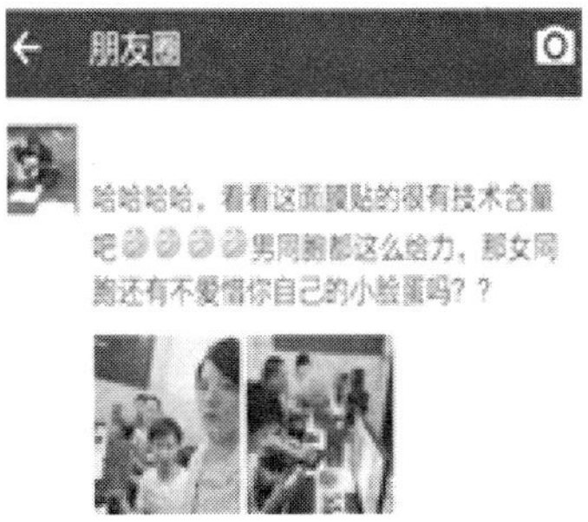

朋友圈[péngyouquān]

朋友圈一般指的是腾讯微信上的一个社交功能。用户可以通过朋友圈发表文字和图片，同时可通过其他软件将文章或者音乐分享到朋友圈。用户可以对好友新发的照片进行“评论”或“赞”，其他用户只能看相同好友的评论或赞。

红包 문화도 바뀌고 있어~!

微信红包[wēixìnhóngbāo]

传统意义上的红包也叫压岁钱，是过农历春节时长辈给小孩儿用红纸包裹的钱。

进入到【微信红包】界面，可以进行向好友发红包。发送方通过“新年红包”公众号，选择发送红包的数量和金额，以及祝福的话语，通过“微信支付”进行支付，就可以发送给好友；接收方则在打开后获得相应收益，只需要将储蓄卡与微信关联，就可以在一个工作日后提现。

원어민 따라잡기

拿出你的手机扫二维码，就可以支付。

**너 핸드폰으로 QR코드만 스캔하면
바로 결제를 할 수 있어!**

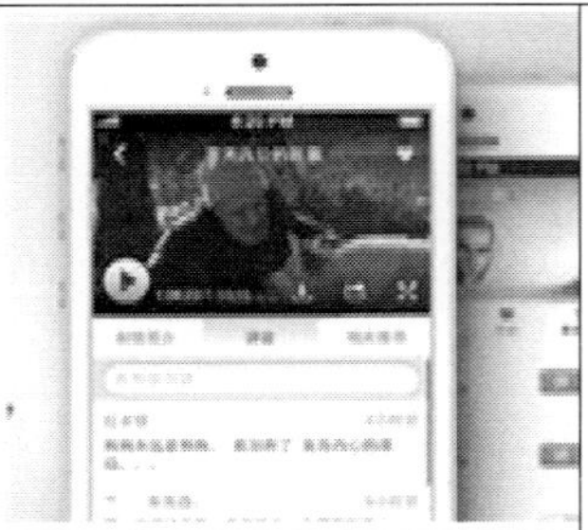

我拍摄的视频上传到腾讯视频上，
你可以随时下载。

**내가 찍은 영상을 QQ동영상 사이트에 올리면,
넌 언제든지 다운로드 할 수 있어.**

除了速度以外，5G还能带来什么新技术？

**속도 말고, 5G가 또 어떤 새로운 기술을 가져다
주는거지?**

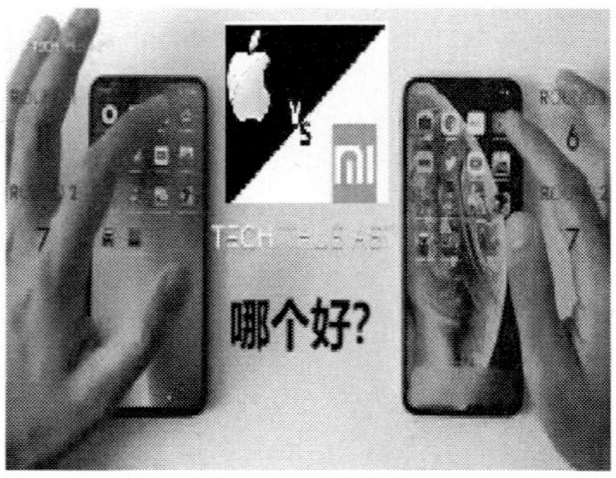

小米手机性能越来越好，价格也亲民，我已经彻底从“果粉”变为“米粉”了。

**샤오미 휴대폰의 성능이 점점더 좋아지고,
가격도 친 서민정책이네, 난 이미 철저하게
애플빠에서 샤오미빠로 변했어.**

[부록]

天猫无人超市

天猫无人超市于2017年7月8日在杭州落地，是阿里新零售成员之一。主打“即拿即走，无需掏出手机”的支付体验。2017年12月3日，天猫无人超市将亮相乌镇－－第四届世界互联网大会。2017年双11期间，它首次现身于上海“双11新零售空间”。与天猫无人超市共用一套技术的还有“淘咖啡”，它首次亮相于2017年淘宝造物节，并在当时引发全民热议。天猫无人超市用技术来优化消费者的购物体验：首先，通过图像识别技术，天猫无人超市将对消费者进行快速面部特征识别、身份审核，完成“刷脸进店”；其次，通过物品识别和追踪技术，再结合消费者行为识别，天猫无人超市能判断消费者的结算意图，最后通过智能闸门，从而完成“无感支付”。天猫无人超市打通了线上和线下，让线上的数据系统和线下的购物系统深度融合。譬如，数字化自动运营的“电子价签”，天猫无人超市可以自动关联商品价格，实现线下价签、线上价格的同步更新，同款同价，也让“拿了就走，走了就付”成为现实。天猫无人超市是阿里巴巴新零售战略成员之一。2017年双11期间，它首次现身于上海“双11新零售空间”，广受好评。与天猫无人超市共用一套技术的还有“淘咖啡”，它首次亮相于2017年淘宝造物节，并在当时引发全民热议。除了无人零售技术外，天猫无人超市还推出了“Happy购”情绪营销，将消费者的情绪、笑容变成打折、促销的动因。商品价格会根据用户情绪而产生变化，每个人的打折力度都不同。天猫无人超市占地超过100平方，并成为第四届世界互联网大会唯一独立参展项目。阿里巴巴CEO张勇曾表示，“淘咖啡（天猫无人超市）会让新零售行业前所未有的变化，我们一直在干新零售这个事情，我很有信心，全世界对此都有共识。这里一定会出现新一代的零售商、多样形态的零售商，有些是完全新的，有些是原来的零售商，但是他们拥抱变化、数字技术和未来。”

《百度百科》

CHINA

11. 맞춰봐~ 중국광고! 재미도 up, 실력도 up

중국 광고문을 통해
어떤 상품을 소개하는지 맞춰보아요~

多C多漂亮
C가 많으면, 더 예쁘다.

이 광고는 统一鲜橙多 회사의
비타민C가 들어있는
"과일주스" 광고인데요~
비타민C가 많을수록 예뻐진다
즉, 이 음료를 마시면 예뻐진다는 것을
비유한 광고네요!!

무슨 광고인지 뒷페이지 단어를 참고하여 맞춰보세요~猜猜是什么东西?!

有多远，滚多远。	------------- (　　　　　　)
关爱牙齿，更关心你!	------------- (　　　　　　)
一杯在手，唇齿留香。	------------- (　　　　　　)
分手了就别再回来找我!	--------- (　　　　　　)
去哪里，都把家带在身上。	--------- (　　　　　　)
那种柔顺，一触，就知道是她!	---- (　　　　　　)
喝上一杯，让你的烦恼随香而去。	---- (　　　　　　)
走成了习惯、走成了行为、走成了思想。	---- (　　　　　　)

• 滚[gǔn] 구르다, 돌다 • 关爱[guān'ài] 관심을 갖고 귀여워하다 • 牙齿[yáchǐ] 이, 치아
• 唇齿[chúnchǐ] 입술과 이 • 柔顺[róushùn] 유순하다, 온유하다 • 烦恼[fánnǎo] 걱정하다

洗发水	笔记本电脑

运动鞋	轮胎

咖啡	茶叶

无糖口香糖	医院

중국 대표 광고문을 살펴봅시다.

- **각 브랜드와 광고문 이해하기!**

迪比尔斯：钻石恒久远，一颗永流传。

麦氏咖啡：滴滴香浓，意犹未尽。

木莓香皂：光洁皮肤，不可触摸。

宛西制药：药材好，药才好。

李宁：一切皆有可能。

联邦快递：使命必达。

联想集团：人失去了联想，世界将会怎样。

西门子冰箱：冷暖自知，因时而动。

• 钻石[zuànshí] 다이아몬드 • 颗[kē] (양사) 방울 • 皮肤[pífū] 피부 • 一切[yíqiè] 일체의, 모든
• 流传[liúchuán] 대대로 전해 내려오다, 세상에 널리 퍼지다 • 皆[jiē] 모두, 전부
• 使命[shǐmìng] 사명 • 联想[[liánxiǎng] 연상하다 • 集团[jítuán] 집단, 단체, 그룹

난 어디에 있을까요?

猜猜我在哪里?!

来也匆匆，去也冲冲。 (　　　　)

爱我，追我，但请别吻我! (　　　　)

年轮我们比你更懂。 (　　　　)

怀味，怀有大自然的味道。 (　　　　)

一滴水，疾渴人的支柱，
一度电，黑暗夜的希望。 (　　　　)

• 匆匆[cōngcōng] 황급한 모양 • 冲冲[chōngchōng] 감정이 격한 모양 • 疾[jí] 질병, 고통
• 追[zhuī] 쫓다 • 年轮[niánlún] 나이테, 연륜 • 怀[huái] 그리워하다 • 渴[kě] 목타다
• 味道[wèidao] 맛 • 支柱[zhīzh] 기둥 • 一度电[yídùdiàn] 1kWh(킬로와트/시간)
• 黑暗[hēi'àn] 어둡다, 깜깜하다

IKEA 宜家家居	
宜家家局	汽车后贴

洗手间	木制品

节约用电公益广告

有机食品 CERTIFIED ORGANIC COFCC 有机食品 ORGANIC FOOD	绿色食品 Greenfood

绿色有机食品

무슨 상품인지 맞춰봐~
猜猜是什么广告?!

<u>我是什么广告?!</u>

比方便面更方便，

比牛肉面更清爽，

热的面条还有一个冷的字

这就是名不虚传的（　　）

• 方便面[fāngbiànmiàn] 인스턴트 라면 • 清爽[qīngshuǎng] 시원하다, 맑고 상쾌하다
• 面条[miàntiáo] 국수 • 名不虚传[míngbùxūchuán] 명성, 명예가 헛되이 퍼진 것이 아니다, 명실상부하다

洗脑广告语有哪些? 中国十大洗脑广告语!

1. 杨幂溜溜梅

杨幂的溜溜梅拥有超洗脑的广告语“你没事吧? 你没事吧? 你没事吧? 你没事吧? 你没事吧? …………没事就吃溜溜梅!!!”

2. 急支糖浆

一个金钱豹凶神恶煞地追逐一个全身只穿着内衣披块白纱就跑到森林里的傻妞，傻妞一边跑还一边大叫：为什么追我? 结果那豹子更绝，张嘴来了一句：我要急支糖浆……

3. O泡果奶

我要O泡我要O泡 喝O泡果奶把清凉泡泡 喝O泡果奶把好喝抱抱～我要O泡我要O泡 ～我要O泡 给我O泡给我O泡 ～O泡果奶OOO 这个也是洗脑广告语了。

4. SHE痛经药广告

那个不痛～月月轻松～月月～轻松～～

5. 新东方厨师

姐，遇上新东方厨师就嫁了吧!

6. 妇炎洁广告

付笛声举着一盒“妇炎洁”一脸淫笑地看着任静，幸福地说：我用妇炎洁。付笛声一把揽过她的肩膀，接着道：洗洗更健康……

YOLO

12. 너는 무슨 族이니?
현대인의 새로운 라이프 스타일과 신조어

엄지족,

캥거루족,

니트족(not in education, employment or training),

잡노마드족(job+유목민nomad),

쇼루밍족

오프라인 쇼룸에서 제품을 살펴본 후, 온라인을 통해 더 저렴한 가격으로 제품을 구매하는 사람들

코쿤족(Cocoon),

외부 세상으로부터 도피하여 자신만의 안전한 공간에 머물려는 칩거증후군

슬로비족(slobb)

천천히 그러나 더 훌륭하게 일하는 사람(Slow But Better Working People)

생활이 변하니 단어도 변해야지

신조어의 출현

관련어 엿보기

双职工家庭
[shuāngzhígōng jiātíng]
맞벌이가정

外出就餐族
[wàichūjiùcānzú]
외식족

网络电视
[wǎngluò diànshì]
IPTV**티비**.
인터넷 TV.

YOLO族
[yóulouzú]
욜로족

随着经济环境及生活方式的变化，人们的日常生活呈现出与以前不同的面貌，随之也出现了各种各样的新造词。以前人们认为在家做饭吃较便宜，对健康有好处，但现在一二口之家越来越多，双职工家庭，女性进入社会的人数也日益增加，外食的比例也逐年增加。正因为如此，才有了“外出就餐族”的说法。这种变化也同样在中国出现，忙碌的上班族没有时间亲自做饭，所以出去吃或点外卖显得更轻松。

另外，随着网络和送货上门等文化的发展，即使不出门，很多事在家也能做，所以有很多试图在家里解决所有问题的现象。这种喜欢在家的人被称为“Home族”，他们觉得在家里最舒服，素颜或者穿个运动裤都不用看别人的眼色。最新的电影在首映时用网络电视可以在家轻松享受。利用送货上门的服务，在家也可以吃到热乎乎的美食。急需的物品可以网络购物，像火箭一样快速送达。现在，甚至已经进入了没有专业讲师和健身房也能进行运动的时代。另外，在中国，忙碌的日常生活里，重视减轻压力、享受生活的人们也被称为“新一族”，和韩国开始流行的“YOLO族”(人生只有一次)很相似。大家过着怎样的生活呢?

• 面貌[miànmào] 양상 • 随之[suízhī] 따라서 • 新造词[xīnzàocí] 신조어 • 替代品[tìdàipǐn] 대체물
• 外卖[wàimài] 포장 판매하다 • 显得[xiǎnde] …인 것처럼 보이다 • 忙碌[mánglù] 바쁘다
• 送货上门[sònghuòshàngmén] 집 앞까지 배송하다 • 试图[shìtú] 시도하다 • 素颜[sùyán] 민낯
• 眼色[yǎnsè] 눈치 • 首映[shǒuyìng] 처음으로 상영하다 • 热乎乎[rèhūhū] 뜨끈뜨끈하다
• 健身房[jiànshēnfáng] 헬스장 • 急需[jíxū] 긴급한 수요 • 减轻[jiǎnqīng] 경감하다

说的语言都是外星语

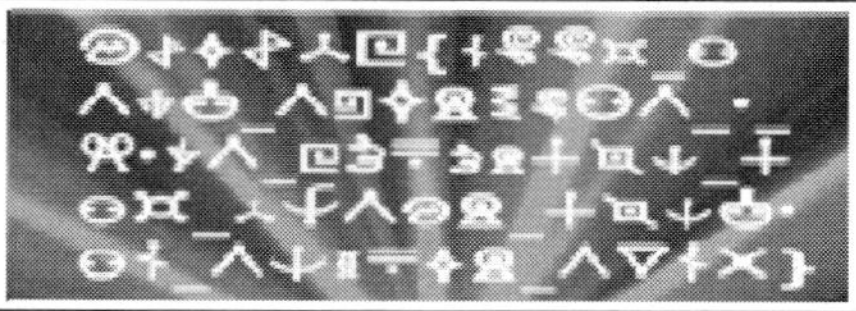

A: 现在的年轻人都成了外星人了。完全不知道他们在讲什么?

B: 什么外星话啊?

A: 也记不住说了什么, 反正都是各种听不懂的语言。
搞得我现在都不会聊天了。

B: 啊~，你说的是最近年轻人常用的新造词吧!

A: 新造词? 是什么?

B: 你知道中国的淘宝吧，例如淘宝上或者打游戏时常说的"秒杀"就是新造词。打游戏迅速解决对手时，淘宝上打折商品在分秒之内就被买光时经常用到的词。

A: 是这样啊，我想起来了，这样的新造词在韩语也有很多。
比如韩语的"小确幸"，我想学习汉语的新造词。

B: 好啊，我来教你吧!

- 外星人[wàixīngrén] 외계인 • 外星语[wàixīngyǔ] 외계어 • 外星话[wàixīnghuà] 외계인 말
- 反正[fǎnzhèng] 어쨌든, 아무튼 • 搞[gǎo] 하다 • 秒杀[miǎoshā] 상대를 엄청 빨리 제거하다
- 迅速[xùnsù] 신속하다, 급속하다 • 对手[duìshǒu] 상대 • 打折[dǎzhé] 할인하다, 에누리하다
- 小确幸[xiǎoquèxìng] 소확행 (작지만 확실하게 실현 가능한 행복)

사진 속 단어 이야기

이제 좀 먹어도 될까? 다 찍었니? @.@;;

炫食族[xuànshízú]

随着社交网络普及发展起来的新族群，泛指有饭前拍照习惯的年轻人。

혼자 개인공간에서 안락함과 편안함을 추구하는 코쿤족

蚕茧族[cánjiǎnzú]

蚕茧族(Cocoon)最早是从韩国的年轻上班族中传出来的，特指上班族中喜欢独来独往、注重私人空间、对外人心存防备的那类人。很多上班族表示选择做“蚕茧族”的原因是自己一个人更方便，且很难找到适合自己的人做朋友，以及与别人协调意见太麻烦。做个“蚕茧族”既省钱又省时。

학교에 조금 더 있을까?

校漂族[xiàopiāozú]

校漂族是指大学毕业后因各种原因仍然滞留在学校周围的人群。他们生活在曾经熟悉的环境中，不愿踏入社会就业，漂流在原来就读的校园以期达到自己理想目标的人群。

이것도 사고~ 저것도 사고~

月光族[yuèguāngzú]

每月赚的钱还没到下次领工资时就被全部用光、花光的一群人。同时，也用来形容赚钱不多，每月收入仅可以维持每月基本开销的一类人。

사진 속 단어 이야기

일단 쓰고 보자~

烧包族[shāobāozú]

“烧包”是中国东北方言词语，见于北京话、天津话、东北话、洛阳话等。“烧包”的意思是“有点钱总想花出去”

고향가기 부담스러워~

恐归族[kǒngguīzú]

对那些在外地工作、不愿意回家过春节的人的概称。“恐归族”恐惧回家实在有太多的理由。如：回家要做的事情太多，假期永远太短，年底各种开销加大，回家过年无疑又是一次“大出血”以及现在过大的春运压力等等，都是造成了外地工作的人们不愿意回家的主要原因。

중국판 프리랜서

飞特族[fēitèzú]

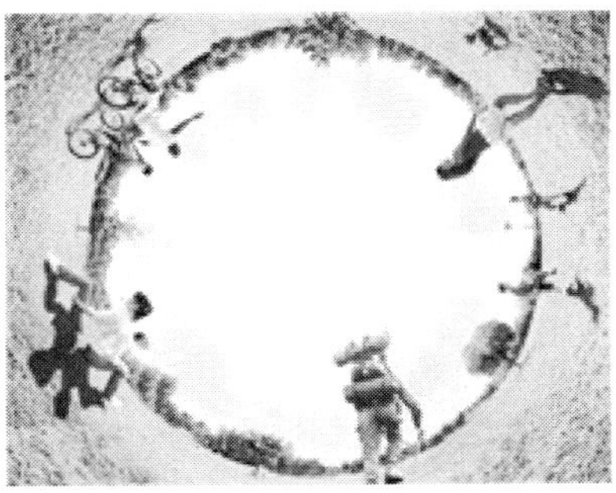

实际上是Freeter的音译，是英文“自由”（free）与德文“工人”（arbeiter）的组合字。Freeter代表的是一种自由，无忧无虑的工作方式。

飞特族往往只在需要钱的时候去挣钱，从事的是一些弹性很大的短期工作。钱挣够了，就休息，或出门旅游，或在家赋闲。

사진 속 단어 이야기

화이트칼라 노점상

白领摆摊族[báilǐngbǎitānzú]

众多的白领成为摆摊一族，在当下很多人都加入摆摊的行业，许多白领一族纷纷开自驾车做摆摊生意，北京中关村活跃着一群开车练摊族。他们是外语流利的海归、出入大厦的职员、培训学校的教师，下班后打开车后备厢，就成了地摊老板。他们大多有房车，与以往人们印象中的“地摊族”不同。

둘이서도 충분해!

丁克族[dīngkèzú]

来自英文Double Income No Kids四个单词首字母D、I、N、K的组合－－DINK的谐音， Double Income No Kids有时也写成Double Income and No Kid(Kids)。汉语解释是指那些具有生育能力而选择不生育，除了主动不生育，也可能是主观或者客观原因而被动选择不生育人群。

엄지족? 아니면 수그리족?

低头族[dītóuzú]

如今无论何时何地都作“低头看屏幕”状，想通过盯住屏幕的方式，把零碎的时间填满的人。低头族有的看手机，有的掏出平板电脑或笔记本电脑上网、玩游戏、看视频，他们低着头是一种共同的特征，他们的视线和智能手机，相互交感直至难分难解。

사진 속 단어 이야기

한국의 리터루족 (Returoo族)

啃老族[kěnlǎozú]

又称"吃老族。它是指一些不升学、不就业、不进修或不参加就业辅导，终日无所事事的族群。

他们的共同点是自己没有生活力，而他们吃父母、用父母。

잠시도 가만히 못 있는 망아지들~

奔奔族[bēnbēnzú]

"奔奔族"，"东奔西走"之族。最热爱玩乐却最玩命工作的族群。奔奔族被称为"当前中国社会中最重要的青春力量"，他们一路嚎叫地奔跑在事业的道路上；同时他们又是中国社会压力最大的族群。

원어민 따라잡기

这些汉语新造词在韩国火了，
难道你还不知道吗?

이 중국 신조어들이 한국에서 유행한다는데,
설마 너 아직 모르는 것은 아니겠지?

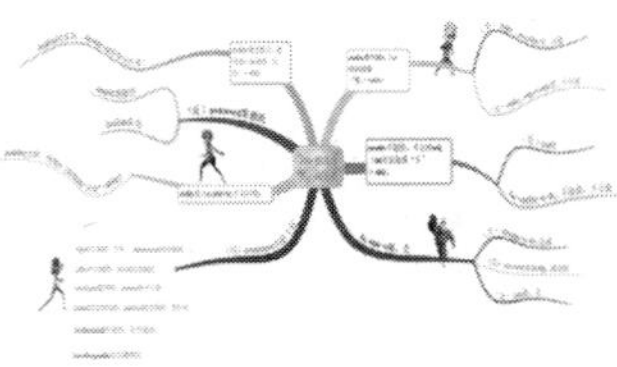

我们邻居的那个帅哥竟然是恐婚族!

우리 이웃에 사는 훈남이 비혼족이라네!

年购物额度不到5万的，
都不好意思称自己是“剁手族”。

연간 구매액도 5만원을 넘지 않으면서,
스스로 쇼핑 충동 구매족 이라고
말하기에는 쑥스럽네.

身为“蚁族”的我该怎样摆脱“蜗居”?

개미족 출신의 내가 어떻게 해야
달팽이집을 벗어나지?

13. 소수민족의 숨겨진 이야기

중국에 "한족, 묘족, 장족, 위구르족, 만주족......"이 있는 것 알지?
이들 민족에게는 그들만의 독특한 전통이 있다는 것도 알고
그럼 어떤 민족의 풍습이 가장 특이한지 알고 있니?

금기 많은 고산족

중국 최고의 금기 민족!

高山族主要居住在中国台湾，也有少数散居在福建、浙江省等沿海地区。

高山族有一些特殊的禁忌，有属于行为上的，也有属于视觉上的和触觉上的。如触碰神物、接触死者的物品、打喷嚏和排气等，还有一些和其他民族一样的忌讳，就是忌讳遇到非正常死亡的人以及其葬地。在高山族，有一些特殊忌讳是要特别注意的，比如在捕鱼、出猎或祭祀期间，家里不能断火；祭祀期间不能吃鱼等。其中，祭祀中打喷嚏是最严重的忌讳，南部高山族认为喷嚏表示灵魂离开身体，有招来恶灵的危险，祸事即将到来的体现。所以说，如果你去台湾旅游一定要好好熟悉他们的禁忌，避免某些行为让他们不开心。

高山族还有一个让人震惊，且最为突出的禁忌，那就是生育方面。高山族禁忌生双胞胎，迷信双胞胎是野兽所在，预示着灾祸将来到，要杀掉一个以避免灾祸。

관련어 엿보기

高山族
[gāoshānzú]
고산족

祭祀
[jìsì]
제사 지내다

双胞胎
[shuāngbāotāi]
쌍둥이

- 禁忌[jìnjì] 금기 • 标志[biāozhì] 상징 • 沿海[yánhǎi] 바닷가 • 忌讳[jìhuì] 금지하다
- 视觉[shìjué] 시각 • 触觉[chùjué] 촉각 • 触碰[chùpèng] 부딪치다 • 排气[páiqì] 기체를 배출하다
- 神物[[shénwù] 신물 • 接触[jiēchù] 접촉 • 葬地[zàngdì] 매장지 • 捕鱼[bǔyú] 물고기를 잡다
- 断火[duànhuǒ] 불을 꺼뜨리다 • 打喷嚏[dǎpēntì] 재채기하다 • 体现[tǐxiàn] 구현하다
- 招[zhāo] 손짓하다 • 恶灵[èlíng] 악령 • 祸事[huòshì] 재앙 • 避免[bìmiǎn] 피하다, 모면하다
- 震惊[zhènjīng] 깜짝 놀라다 • 突出[tūchū] 돌출하다 • 预示[yùshì] 예지하다
- 迷信[míxìn] 미신 • 灾祸[zāihuò] 재앙

原来她也是少数民族!

A: 那件衣服真特别呀，身上还戴了很多银饰。

B: 那是苗族的传统服饰，苗族喜欢佩戴银饰。

A: 苗族?

B: 苗族是中国56个民族之一。你知道‘曹璐’吧? 她就是苗族。

A: 是吗? 少数民族的服装好漂亮啊。很有民族特色。
我去中国哪里才能看到苗族呢?

B: 贵州。贵州是全国苗族聚集人口最多的省份。

A: 好!我打算下次去中国时一定要去贵州!
我想亲眼看看他们的传统文化。

• 戴[dài] 착용하다 • 银饰[yínshì] 은 장신구 • 曹璐[Cáo Lù] 차오루(묘족 출신의 여가수)
• 服饰[fúshì] 의복과 장신구 • 佩戴[pèidài] 몸에 달다 • 聚集[jùjí] 모이다

사진 속 단어 이야기

중국의 방방곳곳 가는 곳마다 ☆☆족 다 보겠네~~!!
소수민족의 랭킹!! 랭킹!!

1. 壮族  16,926,381人	2. 回族  10,586,087人	3. 满族  10,387,958人
4. 维吾尔族  10,069,346人	5. 苗族  9,426,007人	6. 彝族  8,714,393人
7. 土家族  8,353,912人	8. 藏族  6,282,187人	9. 蒙古族  5,981,840人
10. 侗族  2,879,974人		

사진 속 단어 이야기 ☆☆족의 별난 풍습 엿보기

돼지는 먹으면 안 돼지 ~

回族[huízú]

回族是十三世纪，大批穆斯林从中亚迁入中国，并同当地的汉族、维吾尔族、蒙古族等融合而成的。回族人是不吃猪肉的。穆斯林的《古兰经》明文禁止穆斯林吃猪肉，猪在回族人的眼中也是有生命。猪的外表很丑陋，吃了让人反胃，还有猪的脖子上只有一根筋，既不能看到天，也不能回头，这也与穆斯林们回心转意背道而驰。

인생의 참 맛을 알고 싶다면 백족의 세 가지 맛의 차를 만나보세요~~

白族[báizú]

白族主要聚居在云南省大理白族自治州。三道茶是白族招待贵宾时的一种饮茶方式。以其独特的“头苦、二甜、三回味”的茶道早在明代时就已成了白家待客交友的一种礼仪。2014年11月，“白族三道茶”经国务院批准列入第四批国家级非物质文化遗产代表性项目名录。

무더운 여름~ 傣族과 함께 한 바탕 물싸움이나 할까?

傣族[dǎizú]

傣族不少节日与佛教活动有关。每年傣历六月举行的泼水节是最盛大的节日。泼水节，亦称“浴佛节”。泼水节是傣族的新年。人们清早起来便沐浴礼佛，之后便开始连续几日的庆祝活动。期间，大家用纯净的清水相互泼洒，祈求洗去过去一年的不顺。

사진 속 단어 이야기

주량이 약하다면 묘족을 조심 하세요

苗族[miáozú]

苗族拦门酒通常有两种酒，一种是自酿的浓烈甘醇的包谷酒，这个一般给男人喝。女人则会用相对温和的糯米酒，苗家人称为甜酒。拦门酒用牛角装，客人手不能碰杯，只有喝完的人才能进寨。一曲高山流水吓破多少人的胆。管你会喝不喝，管你要喝不要喝，你都必须喝。五碗六碗是起步，十碗八碗刚起兴，据说最多有99只碗连一块的高山流水。

결혼식 날 신부 눈이 퉁퉁 부우면 어떻게~

壮族[zhuàngzú]、藏族[zàngzú]

哭婚是壮、藏民族等地的结婚习俗，在婚礼前几天或当天，由女方的母亲及家中女眷陪伴新娘哭，代表着新娘告别少女的悲伤、对父母养育之恩的报答、也有对婚姻不满的控诉。

우리네 풍습과 비슷하지요~

朝鲜族[cháoxiǎnzú]

朝鲜族主要分布在吉林、黑龙江和辽宁省。延边朝鲜族自治州是主要聚居区。朝鲜族的先民，是从朝鲜半岛迁入中国东北的朝鲜族人。朝鲜族民间有五大节日，至今仍然隆重欢度。这五大节日是：元日（春节）、上元（元宵节）、寒食（清明）、端午、秋夕。朝鲜族敬重老人的传统很悠久。

[부록]

关于中国少数民族特别且独特的风俗习惯

傈僳族在唐代称为“栗粟”。傈僳族最早生活在四川、云南交界的金沙江流域一带，后因战争等原因，逐步迁到滇西怒江地区定居下来。1985年6月11日，建立云南维西傈僳族自治县。节日：主要节日有阔时节（12月20日，相当于汉族的春节）、火把节、收获节、中秋节、澡塘会、刀杆节等。

纳西族原游牧在青海省黄河、湟水谷地的古羌人，辗转南迁至川西南、滇西北一带，并分化成不同的民族，其中就包括纳西族。“纳”有大或尊贵之意，“西”意为人。丽江纳西族的摩梭人信奉神灵，崇拜大自然，相信天地万物皆由神灵主宰。每年农历七月二十五日的“转山节” 祭祀狮子山，就是人们敬拜自然实体的公共祭祀庆典。

阿昌族大部分聚居在云南，是中国云南境内最早的世居民族之一。因居住地的不同，还有“蒙撒”、“蒙撒禅”、“对撒”、“汉撒”等自称。解放后统称为阿昌族。“会街”是阿昌族人民的传统集会，多在每年农历九月中旬举行。阿昌族信仰小乘佛教，会街原属宗教集会。主要宗教节日有进洼（关门）、出洼（开门）、烧白柴、泼水节等。除宗教节日外，还有许多该民族特有的传统节日。如：火把节、窝罗节、浇花节和春节。

满族主要分布在中国的东三省，以辽宁省最多。在中国55个少数民族中仅次于壮族居第二位。满族历史悠久，可追溯到两千多年前的肃慎人，黑水靺鞨是满族的直系祖先，后发展为女真。1911年辛亥革命后，满洲族改称满族。传统节日主要有春节、元宵节、二有二、端午节和中秋节。节日期间一般都要举行“珍珠球”、跳马、跳骆驼和滑冰等传统体育活动。颁金节是满族“族庆”之日。1989年10月，正式把每年的12月3日定为“颁金节”。

百度知道

DEPARTMENT STORE
SALE
SUMMER BIG SALE
MILK
24

14. 쇼핑하고 돈도 벌고~!!

대신 쇼핑해주는 "쇼핑대행"
대신 줄 서주는 "줄 대행"
대신 티켓 구매해주는 "암표상"
중국에서 유행하는 대행업무 아르바이트!

이런 직업도 있네?!

有这种职业呢?!

중국의 기상천외한 직업

관련어 엿보기

排队
[páiduì]
줄을 서다

体力活
[tǐlìhuó] **육체노동**

挂号
[guàhào]
예약하다, 접수하다

大家还记得之前学过的“替课”吗? 花钱雇人代替自己出勤、上课就是“替课”。替课可不是个好行为，如果在美国或澳大利亚这些国家，一旦被发现就要被开除学籍，因此奉劝大家不要去做这些违背学校规定的事情。

不过，现在的中国人越来越享受花钱雇人替自己办事了。空闲时间很多，不想做体力活，但是又很想挣钱的人，不妨来看看吧。

第一个就是替人排队。中国由于人口太多，去医院看个病都要花很长时间排队，才能挂到号，所以就出现了代替患者排队取号的兼职。除了医院，人气美食店门口往往都排着一条人龙，如果你想进店抱餐一顿，又忍受不了花几个小时的排队，那么就可以雇别人去排队。不过有的时候，饭店为了提高人气，也会特地雇人在店门口排起长队，从而吸引大家的关注。

• 雇人[gùrén] 사람을 고용하다 • 出勤[chūqín] 출근하다 • 一旦[yídàn] 일단 • 开除[kāichú] 제명하다
• 奉劝[fèngquàn] 충고하다 • 违背[wéibèi] 위배하다, 어기다 • 享受[xiǎngshòu] 누리다, 즐기다
• 空闲[kòngxián] 한가하다 • 兼职[jiānzhí] 겸직하다 • 取[qǔ] 뽑다 • 顿[dùn] 한 끼
• 忍受[rěnshòu] 견뎌내다, 이겨내다 • 吸引[xīyǐn] 끌어당기다

第二个就是在韩国也存在的黄牛党。要想买到自己喜欢的明星演唱会或者见面会的门票是很难的，有的黄牛党就直接代替粉丝去抢购门票。

黄牛党
[huángniúdǎng]
암표상

第三个是家政工作的升级版－－专业整理员，他们不是一整天打扫房间卫生的人，而是帮助女人整理衣服的人。换句话说他们会上门帮助女主人搭配穿衣风格、整理衣橱里的杂乱衣物。

第四个是“共享男友”，以前在春节、中秋等重大节日活动时，有租“一天男友”回家见父母或是出席活动的现象。但是选择男友并不是随随便便的，而是在众多的候选人之中，比较身高、外貌等条件后再做决定的“临时男友”。

粉丝
[fěnsī]
연예인 팬

此外中国还有替你遛狗、打电话叫你起床、帮你剥麻辣小龙虾、代写假期作业等叫人大跌眼镜的另类兼职。

• 接受[jiēshòu] 수락하다 • 雇佣[gùyōng] 고용 • 抢购[qiǎnggòu] 앞을 다투어 사다
• 家政工作[jiāzhènggōngzuò] 가사일 • 搭配[dāpèi] 배합하다, 결합하다 • 衣橱[yīchú] 옷장
• 租[zū] 빌려주다, 임대하다 • 临时[línshí] 임시 • 共享[gòngxiǎng] 함께 누리다, 공유서비스
• 遛狗[liùgǒu] 강아지 산책시키다 • 剥[bō] 껍질 벗기다 • 大跌眼镜[dàdiēyǎnjìng] 매우 놀라다
• 麻辣小龙虾[málàxiǎolóngxiā] 마라시아오롱시아(가재요리)

你要共享什么呢?

A: 又要放年假了，回家过年真愁人!

B: 怎么了? 家里对你这个大龄剩女还逼婚吗?

A: 对啊，光想都要烦死了。等到过年就不仅是我爸妈还有七大姑八大姨都来问我有没有男朋友、什么时候结婚!

B: 你都工作这么多年了，应该不是第一次被催婚了吧!
你可以租个男友回家过年，应付几天就行了。

A: 租男友过年?这都什么年代了!租男友也太土了吧!
现在都有共享男友了，几位男生在你面前任你挑选，看中哪一个直接上前扫码领走。

B: 天啊，共享事业都发展到共享男友这个领域了吗!
真的令人意想不到啊!我以前只听说过共享自行车。

• 愁人[chóurén] 근심 • 大龄剩女[dàlíngshèngnǚ] 노처녀 • 逼婚[bīhūn] 결혼을 강요하다
• 烦死了[fánsǐle] 귀찮다, 짜증나다 • 催婚[cuīhūn] 결혼을 재촉하다 • 应付[yìngfù] 대처하다
• 七大姑八大姨[qīdàgū,bādàyí] 일곱 고모와 여덟 이모(많은 친척) • 年代[niándài] 시대
• 太土了[tàitǔle] 촌스럽다 • 挑选[tiāoxuǎn] 선택하다 • 看中[kànzhòng] 마음에 들다
• 扫码[sǎomǎ] QR코드를 스캔하다 • 领走[lǐngzǒu] 가져가다 • 单车[dānchē] 자전거
• 意想不到[yìxiǎngbúdào] 생각지도 못하다

사진 속 단어 이야기

강아지 산책 전문가

遛狗师[liùgǒushī]
遛狗师是需要有百分之百爱心的职业，希望自己能让更多狗狗可以在户外尽情撒欢。

혼밥은 못해~ 밥 같이 먹어 주는 직업~

饭陪[fànpéi]
饭陪不仅是简单地陪吃陪聊，还具备了美食地图的功能，比较适合年轻人，未来没准会是一项非常火爆的兼职。

당신의 건강을 응원합니다!

陪跑师[péipǎoshī]
分享健康的生活习惯，预计未来将成为一种新趋势，但对陪跑师的要求也相对高，不仅需要体力支持，更需要有一定运动与健康方面的理论支撑。

사진 속 단어 이야기

왕홍이 되고 싶다면 연락해 !

包装朋友圈[bāozhuāngpéngyouquān]
把你的朋友圈包装得美美的，让你离网红更近一点。

말만 하십시오 ~ 들어드립니다.

失意倾听师[shīyìqīngtīngshī]
都市人生存压力大，倾听负能量，预计未来相当火爆，与此同时，如果倾听师能稍微学习一些心理知识，可能会更专业。

달달 보이스로 매일밤 인사해주는 굿나잇!

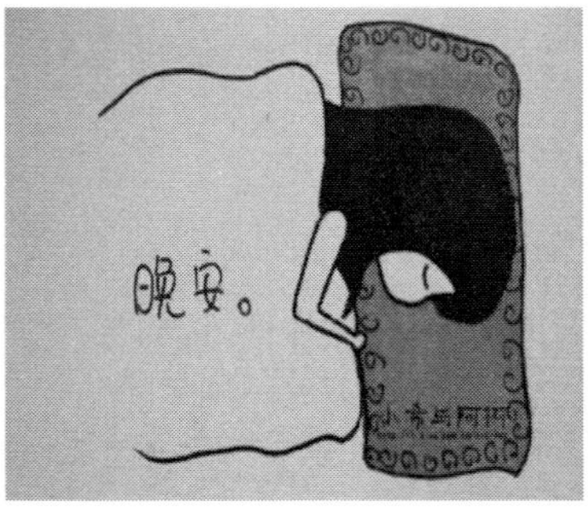

说晚安[shuōwǎnān]
晚安短信可不仅仅是一条短信，它是一份贴心的问候和温暖的关怀，正能量十足。只要方向不跑偏，未来空间很大。

원어민 따라잡기

韩国是代购者的购物胜地。

한국은 구매대행 업자들의 쇼핑천국이다.

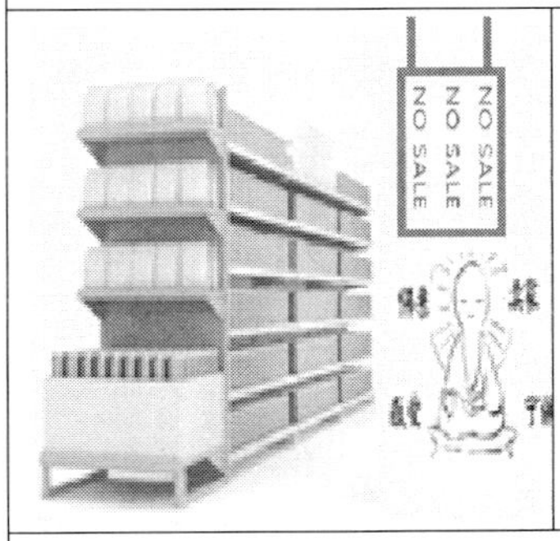

客户说我是佛系卖家，从不给打折...

고객이 나에게 불계의 판매자라고 해,
절대로 디스카운트도 안 해 주고...

有微信吗，我扫你!

위챗 있어요? QR코드 스캔할게!

点赞!

좋아요!

[부록]

中国大学生暑假打工做什么最赚钱

1、中国大学生暑假打工做什么最赚钱：投资理财 / 必备技能：资金+风险意识

日前《2016年大学生理财报告》火热出炉，报告显示，现在高校最流行的挣钱方法是：理财!在全国2500多万在校大学生里，35%以上的大学生在过去一年进行了互联网理财。一些90后学生过去一年理财收益达到4000元以上，基本上可以说自己缴学费了。

一些大学生由于手头上的资金有限，就想着帮父母理财。可以选择一些收益较好的可靠的理财平台，这样父母也放心把钱交给你。

2、中国大学生暑假打工做什么最赚钱：家教 / 必备技能：教学能力

想必很多大学生拿到的亲手挣的第一笔钱就是做家教挣来的。其实这对于师范类的学生来说是大有裨益的，首先，可以增加自己的教学经验。虽然很多都是一对一的教学。其次，做家教的学生一般有这种经验，时间不够用，这就逼着你去合理地安排时间，锻炼自己做事的计划性。其实做到最后完全可以拉几个人入伙，开一个正儿八经的辅导班。

3、中国大学生暑假打工做什么最赚钱：网上开店 / 必备技能：生意"经"

现在很多大学生通过微信进行微商开店，也已经淘到了人生的第一笔金子。网上开店可以利用身边的资源，比如出售二手书。每到毕业季，很多毕业生都会卖掉自己用过的专业书、考研书、考公务员的书籍。一般来说，可低价购入，在网上提高出售价格，从中赚取个差价。

15. 户口가 그렇게 중요해요?

중국에서는 "户口" 때문에
이사를 할 때에도,
시험을 칠 때에도,
제약이 있데요.
도대체 "户口"가 뭔가요?

사람들은 왜 북경호구를 원할까?

北京户口

“北上广深”是中国年轻人的首选工作地，“北漂”知名度最高，但是，很多在北京的人都不想当暂时居住的外地人，很多人渴望有北京户口，但是北京户口的金贵度可以说是全国第一，外地人想要获得北京户口，甚至要比在北京买房更难。那么，北京户口到底能带来多少好处?

1、居住问题。北京买房难，房价高，外地人想要在北京买房更难，但是本地人就不同。如果拥有北京户口，可以申请北京本地的限价房，它的价格大约比普通房的便宜一半，购买限价房大约可以节省100多万。

2、工作问题。北京的就业机会丰富，然而由于外来人口疯狂涌入北京，而北京有本地保护政策，不少工作岗位都直接要求北京户口，如果拥有了北京户口，在北京找工作会比较方便，尤其是公有制企业，即使你能力很高，但没有北京户口，进入国企工作将会很难。

3、教育问题。北京的教育资源最丰富，不仅中小学教育质量高，更重要的是北京的高校全国最多，北京高校招生政策对本地人更有利，如果有北京户口，自己的孩子可以在北京参加高考，将容易进入更好的学校，如果留在家乡，同样分数，能报考的学校却差很多。

관련어엿보기

户口
[hùkǒu]
호구, 호적

房价
[fángjià]
집값

国企
[guóqǐ]
국유기업의 약칭
(国有企业)

限价房
[xiànjiàfáng]
정부에서 가격을 제한한 주택

• 首选[shǒuxuǎn] 우선 선택하다 • 北漂[běipiāo] 북경에서 유랑하다 • 知名度[zhīmíngdù] 지명도
• 暂时[zànshí] 잠시 • 居住[jūzhù] 살다 • 外地人[wàidìrén] 외지인 • 渴望[kěwàng] 갈망하다
• 金贵度[jīnguìdù] 귀중도 • 购买[gòumǎi] 구매를 하다 • 本地人[běndìrén] 현지인
• 疯狂[fēngkuáng] 광분하다 • 保护政策[bǎohùzhèngcè] 보호정책 • 涌入[yǒngrù] 몰려들다
• 岗位[gǎngwèi] 근무지

需要办理户口迁移手续

A: 你手里拿的是什么呀？是护照吗？

B: 不是。这是中国的户口本。

A: 户口本？

B: 对呀。记载和留存住户人口基本信息的法律文书。

A: 那你是广东户口，对吧？

B: 来北京上学之前，本来有广东户口。
后来入学的时候，办理了户口迁移手续。

A: 那你毕业以后打算在北京发展吗？

B: 还不清楚呢。我希望留在北京，能拿到北京户口。

A: 在中国大城市的户口那么重要吗？

B: 是啊。有了大城市的户口，可以享受当地的各种优惠政策。
比如说更高的社会保障、更好的工作机会等等。

• 护照[hùzhào] 여권 • 户口本[hùkǒuběn] 호적부 • 记载[jìzǎi] 기록하다 • 办理[bànlǐ] 처리하다
• 住户[zhùhù] 세대 • 基本信息[jīběnxìnxī] (개인) 기본정보 • 法律文书[fǎlǜwénshū] 법률문서
• 迁移手续[qiānyíshǒuxù] 이전 수속 • 社会保障[shèhuìbǎozhàng] 사회보장

사진 속 단어 이야기

드디어 정착하게 되는구나~ (호적에 입적하다)

落户[luòhù]

落户指在某地报入户口，长期定居。落户某地需具备落户地规定的条件并办理一定的手续才能落户该地。

중국에서는 신생아 출생신고를 어떻게 할까요?

新生婴儿落户[xīnshēngyīngerluòhù]

必须提供：

⑴ 父亲的户口簿和居民身份证、母亲的户口簿和居民身份证。

⑵ 出生医生证明。

⑶ 计生部门出具的生育指标证明，或计划外生育处罚完结证明。

⑷ 结婚证明。

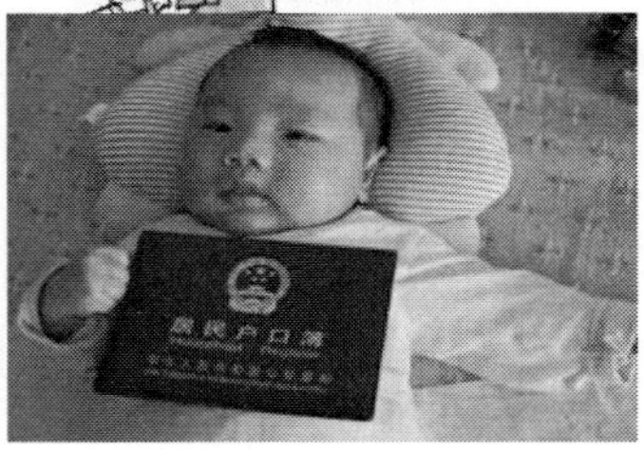

대학 신입생 호구 이전~

被录取的新生户口办理

[bèilùqǔdexīnshēnghùkǒubànlǐ]

凭录取通知书，本人户口本，到户口所在地派出所办理迁移手续，经派出所审验合格后，签发户口迁移证。

원어민 따라잡기

你有北京户口吗?

북경 호구가 있으신가요?

毕业之后迁户口到就业单位有什么好处?

졸업 후 호구를 취업처로 옮기면 뭐가 좋지요?

不少中国大陆富翁的祖籍是广东和福建。

수많은 중국 부자들의 원적은 광동성과 복건성 이예요.

원적(祖籍): 할아버지의 고향

富豪祖籍（大陆）统计

	祖籍	比例
1	广东	23%
2	福建	21%
3	浙江	3%
4	山东	1%
5	上海、海南	1%
6	江苏、安徽、山西	1%
7	北京、河北、河南、湖北、江西	0.3%

来源：胡润研究院

上海户口的市场价越来越高，
网友们估算，至少价值50万。

상해 호적의 가격이 점점 더 올라가네요,
네티즌들의 추산은 최소 50만원(인민폐)이예요.

[부록]

毕业学生户口办理

按学生派遣单位发放的派遣证上所填单位地址，予以办理户口迁移手续。

到新的工作岗位（单位）报到时，向报到单位所在地户口管理机关递交户口迁移证及有关证件，方可办理入户登记手续。退学落回原籍也要办理手续。凭学校退学文件和本人户口到学生户口所在地派出所办理户口迁移手续。

1. 有北京户口当然找工作更方便，没有当地户口的外地人，要找正规的公司，问清楚有没有社会保险和住房公积金。

   如果你有中级职称（比如工程师、会计师）或本科以上学历，在高新技术企业还可以申请北京户口。

2. 如果你的户口不在你地，就不能给你办理养老保险，现在养老保险管理很严格，户口不在工作地不能办理养老保险是为了防治一个人在2个地方办理2份养老保险。

3. 如果你的户口不在你工作地，结婚或者小孩要领取准生证，都要跑回到户口所在地开一系列证明，比较麻烦。

4. 如果你的户口不在你工作地，小孩上学便是一大问题。因为小孩子的户口不在你的工作地，上学就比较麻烦。

16. 중국의 전통혼례는 어떻죠~

일륜지대사 **"결혼"**

이웃나라 중국의

전통 혼례는

어떻게 발전이

되었을까요?

중국 한족(汉族)들의 전통 결혼식传统婚礼～大家过来看看吧!

중국 한족들의 결혼문화

以前，汉族认为黄昏是一天中阴阳相遇的时间，所以选择在黄昏结婚，夫妻结合的礼仪也就被称为了“昏礼”，后来变成了婚礼。汉族人认为红色是驱邪避祸的吉祥象征，所以传统婚礼一般用红色来表达喜庆、热烈的气氛。吉祥、祝福、孝敬渐渐成为了婚礼上的要点。

汉族的婚姻包括纳采、问名、纳吉、纳征、请期五种礼仪加上正婚礼时的亲迎，这就是“六礼”。

纳采是六礼中的第一礼。男方向女方送求婚礼物。

问名是在婚前男家把写有询问女方名字和生辰八字内容的书札派人送到女家。

纳吉是纳采之前，男方卜得吉兆，备礼通知女方，决定缔结婚姻。

纳征(亦称“纳成”)是男家纳吉往女家送聘礼。

请期是男家行聘之后，卜得吉日，使媒人赴女家告成婚日期。形式上似由男家请示女家，故称“请期”。

亲迎是旧俗结婚时新郎到女家迎娶新娘。

관련어엿보기

阴阳
[yīnyáng]
음양.

生辰八字
[shēngchén bāzì]
사주팔자

聘礼
[pìnlǐ]
신랑 집에서 신부 집에 보내는 예물

- 相遇[xiāngyù] 서로 만남 • 吉祥[jíxiáng] 길함 • 避祸[bìhuò] 재난을 피함 • 喜庆[xǐqìng] 경사
- 黄昏[huánghūn] 황혼 • 象征[xiàngzhēng] 상징 • 祝福[zhùfú] 축복하다 • 渐渐[jiànjiàn] 점점
- 孝敬[xiàojìng] 효도하다 • 纳采[nàcǎi] 납채 보내다 • 纳征[nàzhēng] 결혼 예물을 보냄
- 问名[wènmíng] 문명을 보내다 • 纳吉[nàjí] 납길(길일을 택일하여 신부집에 알리는 일)
- 吉兆[jízhào] 길조 • 请期[qǐngqī] 혼인 날짜를 받는 일 • 求婚[qiúhūn] 청혼하다
- 亲迎[qīnyíng] 신부 맞이 • 询问[xúnwèn] 문의 • 迎娶[yíngqǔ] 아내를 맞다

他们8月8号在北京大酒店办婚礼?

A: 小王，你知道吗? 李明和他女朋友要请大家吃喜糖了。

B: 什么? 他们要结婚了! 他们什么时候在哪儿举办婚礼啊?

A: 下个月8号，在北京大酒店。

B: 你转告他，到时候我一定会去恭喜他的。

A: 没问题。别忘了给他包个大红包。

B: 红包? 包多少好呢?

A: 我俩是老同事，至少也得包个八百吧。

• 吃喜糖[chīxǐtáng] 결혼사탕을 먹다(결혼하다) • 举办[jǔbàn] (행사) 거행하다 • 婚礼[hūnlǐ] 결혼
• 转告[zhuǎngào] 말을 전하다 • 恭喜[gōngxǐ] 축하하다 • 包[bāo] (종이나 천으로) 싸다, 싸매다
• 红包[hóngbāo] 축의금, 금일봉, 용돈 등 • 至少[zhìshǎo] 최소한, 적어도

사진 속 단어 이야기

기대하고 고대하던 시집가는 날

出门[chūmén]

出门是指新娘离开娘家的意思。当到达吉时的时候，新娘须由大妗姐背着上；据说新娘双脚着地的话就会带来恶运。

出门时，新娘的嫂嫂是不可以相送的，这是因为“嫂“字有着”扫帚星“的”扫“字的谐音，是故人们相信嫂嫂于出门时相送会带来不吉利。

중국의 결혼식에 빠질 수 없는 붉은 신발 신기

穿红鞋[chuānhóngxié]

中国人新娘必须要穿红鞋，它和整个中华文化的内涵是联系在一块的，因为中华民族把红色作为一种吉祥色，传说中国人的祖先是火神嘛! 火是红色的，代表兴旺，是一种吉祥的颜色，美丽的新娘出嫁的时候，非常幸福，家庭非常吉祥。

불을 가까이하는 중국의 결혼식!

跨火盆[kuàhuǒpén]

中国古代礼仪之一，此俗的意义在于趋吉避凶，变祸为福，跨火之举则有远离不祥、兴旺蓬勃的象征。中国其它地方也保留着这种习俗，例如广东雷州叫“过火海”，福建惠安叫“跳火群”。其意义都是取其吉象，希望生活像火一样越来越旺，并且希冀用火烧去一切晦气，因此这个习俗也进入一般家庭生活中，有的家庭在大年三十那天举行。当然，火势不会很大，象征性而已。

사진 속 단어 이야기

부모님 키워주셔서 감사합니다. 한 잔 하세요!

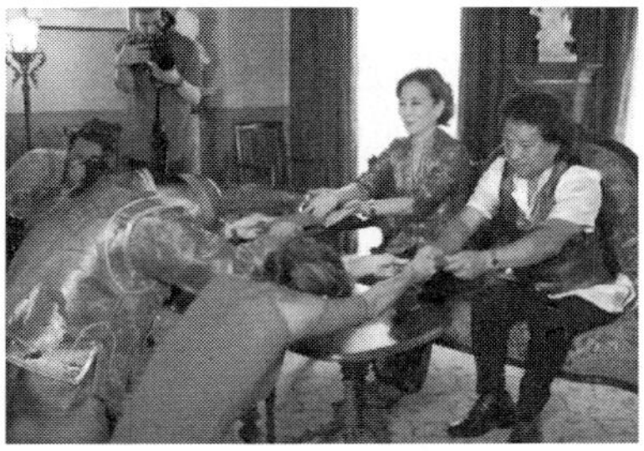

敬茶[jìngchá]

"敬茶"有两层意义：第一，向父母敬茶，感谢父母多年来的养育之恩；第二，敬了茶，就可以改口叫对方父母"爸""妈"了。随意改口不隆重，借由敬茶来改口，仪式感自然也有了，于是这道茶就被称为"谢恩茶"、"认亲茶"。

새댁의 친정 가는 날

三朝回门[sāncháohuímén]

三朝回门是古时流传下来的传统婚姻礼俗，又可称为归宁、做客、返外家（闽南语用法），是指新婚夫妻在结婚的第三日，携礼前往女方家里省亲、探访，女方家人此时亦须准备宴客（通常于中午，称做归宁宴或请女婿），结束后，媒人的工作才算告了一个段落，男方须送礼给媒人表示谢意。

원어민 따라잡기

牵起你的手步入结婚礼堂，
给你一场浪漫的婚礼。

당신의 손을 이끌어 예식장으로 들어가서,
당신께 낭만적인 결혼식을 선사하고 싶소.

听说你有男朋友了，
什么时候吃你们的喜糖啊?

너 남자친구 생겼다면서,
너희 시탕을 언제 먹게 해줄래?
(국수를 먹게 해줄래?)

你们说去哪里度蜜月好呢?

신혼여행 어디로 가면 좋나요?

朋友结婚要包多少钱的红包呢?

친구가 결혼하는데 홍빠오(축의금)는
얼마나 해야하죠?

[부록]

证婚词

各位来宾、各位女士、各位先生：

今天，我受新郎新娘的重托，担任他们的结婚证婚人，我感到十分荣幸，在这神圣而又庄严的婚礼仪式上，能为这对珠联璧合、佳偶天成的新人作证婚词而感到光彩夺目，这也是难得的机遇。

各位来宾，新郎***先生在XXX单位，从事XXX工作，担任XX职务，今年XX岁，新郎不仅长得英俊潇洒、忠厚诚实，而且有颗善良心，为人和善；不仅工作上认真负责、任劳任怨，而且在业务上刻苦钻研，成绩突出，是一位才华出众的好青年。

新娘***小姐在xxx单位，从事xxx工作，担任xx职务，今年xx岁。新娘不仅长得漂亮可爱，而且具有东方女性的内在美，不仅温柔体贴、知人为人，而且勤奋好学、品质高贵、心灵纯洁；不仅能当家理财，而且手巧能干，是一位可爱的好姑娘。

古人常说：心有灵犀一点通。

是情是缘还是爱，把他们钟情在一起。使他们俩圆梦心上人相知在一起，不仅是上帝创造了这对新人，而且还要创造他们的后代，创造他们的未来。

此时此刻，新娘新郎结为恩爱夫妻，从今以后，无论贫富、疾病、环境恶劣、生死存亡，你们都要一生一心一意忠贞不渝地爱护对方，在人生的旅程中永远心心相印、白头偕老，美满幸福。最后，祝你们俩永远钟爱一生，同心永结、幸福美满。

谢谢大家!
证婚人：
年 月 日

鸾凤和鸣
囍

17. 1년 365일 각양각색 기념일

밸런타인day,
화이트day,
로즈day,
○○day,
△△day......

1년 365일 무슨 day가
그렇게도 많데이?
지금 이럴 때가 아니지
선물 사러 가야지~

1년 365일 기념일은 몇 개나 될까~?

"一年365天，有多少个纪念日"?

现在年轻人都很愿意过"洋节日"，这里的"洋节日"是指从西方传来的节日，比如情人节、愚人节、万圣节、圣诞节等等，5月的母亲节和6月的父亲节、也属于"洋节日"。每个"洋节"背后也同样有很多传说。比如，每年2月14日的情人节，现在是情人们互表爱意的节日,但在历史上，情人节是用来纪念两位叫华伦泰的圣人的，基督教初期，他们为教会真理而死。

再如，4月1日愚人节，传说这个节日源于法国。16世纪，法国采用新历法，把1月1日定为一年的开始。但一些守旧之人依然固执地按旧历法在4月1日这天庆祝新年。在4月1日这天，主张改革的人就嘲弄这些守旧者的做法，后来在这天互相愚弄就成了流行的风俗。

5月1日是国际劳动节，劳动节源于美国芝加哥的工人大罢工。1886年5月1日，芝加哥工人为争取实行八小时工作制而举行大罢工，经过流血斗争，获得了胜利。为了纪念这次工人运动，在恩格斯组织召开的第二国际成立大会上将每年的五月一日定为国际劳动节。

관련어 엿보기

情人节
[qíngrénjié]
밸런타인데이
(Valentine Day)

愚人节
[yúrénjié]
만우절

劳动节
[láodòngjié]
노동절

• 传来[chuánlái] 전해 내려오다 • 华伦泰[Huálúntài] 성 밸런타인 • 基督教[Jīdūjiào] 기독교 • 真理[zhēnlǐ] 진리
• 采用[cǎiyòng] 채용하다 • 历法[lìfǎ] 역법 • 源于[yuányú] …에서 기원하다 • 守旧[shǒujiù] 구습을 지키다
• 依然[yīrán] 여전하다 • 固执[gùzhí] 고집스럽다 • 改革[gǎigé] 개혁하다 • 芝加哥[Zhījiāgē] 시카고(Chicago)
• 嘲弄[cháonòng] 조롱하다 • 愚弄[yúnòng] 우롱하다 • 斗争[dòuzhēng] 투쟁하다 • 争取[zhēngqǔ] 쟁취하다
• 罢工[bàgōng] 파업 • 获得[huòdé] 획득하다, 얻다

韩国还有更多有趣的纪念日呢!

A: 你怎么看上去不高兴呢? 有什么事儿吗?

B: 下周是情人节啊! 我还没给女朋友准备礼物呢。

A: 在韩国还重视这种纪念日啊?

B: 对啊。韩国还有更多有趣的纪念日呢。
2月14日情人节过了之后, 3月14日是男生向女生表白的情人节。
4月14日黑色情人节又称"炸酱面日" 就像你这样单的人身吃炸酱面的日子。反正基本上每个月都有纪念日。

B: 很有趣! 那你知道中国有哪些纪念日吗?

A: 我只听过光棍节。

B: 还有很多啊! 我一一告诉你。

• 有趣[yǒuqù] 흥미있다 • 黑色节[hēisèjiē] 블랙데이 • 表白[biǎobái] 고백하다
• 光棍节[guānggùnjié] 독신자의 날 (매년 11월 11일)

사진 속 단어 이야기

화이트데이

白色情人节[báisèqíngrénjié]
3月14日“WHITE DAY”，就是我们熟知的白色情人节。这一天男方送女方糖。2月14日是女方送巧克力的日子，当然有去就有回嘛～所以2月14日收到巧克力的男生要在这一天送女方好吃的糖哦。

로즈데이

玫瑰节[méiguījié]
韩国5月15日是 “黄日节(YELLOW DAY)”，也有人称之为“玫瑰节(ROSE DAY)”。到4月14日还没找到另一半的人会在这一天穿着黄色的衣服去吃咖喱。4月14日～5月14日间找到另一半的人会在这一天参加玫瑰盛会。不过据说现在在韩国很少有人过这个节日了。

여성의 날

三八妇女节[Sānbāfùnǚjié]
国际妇女节， 全称“联合国妇女权益和国际和平日”，在中国又称“国际劳动妇女节”、“三八节”和“三八妇女节”。是在每年的3月8日为庆祝妇女在经济、政治和社会等领域做出的重要贡献和取得的巨大成就而设立的节日。

중국은 어머니날과 아버지날이 따로 있다.

母亲节[mǔqīnjié]和父亲节[fùqīnjié]
中国母亲节(5月第二个星期日)是在中国港澳台地区流行起来之后才进入大陆的，80年代，母亲节逐渐被中国内地的民众所接受。从1988年开始，中国南方的广州等一些城市开始举办母亲节的庆祝活动。
父亲节(6月的第三个星期日)，顾名思义是感恩父亲的节日。约始于20世纪初，起源于美国，现已广泛流传于世界各地，节日日期因地域而存在差异。

원어민 따라잡기

两情若是久长时，又岂在朝朝暮暮。

두 사람의 정이 영원하다면, 아침저녁 만남이 다 무엇이랴.

我爱你，因为我需要你；
我需要你，因为我爱你。

나는 너를 사랑해, 나에게 네가 필요하기에;
나에게 네가 필요해. 내가 너를 사랑하기에.

世界上最遥远的距离不是生和死，
而是站在你面前却不能说：“我爱你”。

세상에서 가장 까마득한 거리는 삶과 죽음이 아니고,
너의 앞에서 “난 너를 사랑해”라고 말 못하는 거야.

执子之手，与子偕老。

그대의 손만 잡고 이생의 끝까지 살아가다.

[부록]

纪念日送什么礼物最合适

1. 适合男性的礼物

1) 古典礼物:
烟灰缸、烟具（烟嘴等）、领带夹、男士护肤品、瑞士军刀、钥匙扣、石珠手链、酒壶、笔筒、十字绣、炭雕、布艺、手绘油画、数码相机、鞋子、手机、U盘、鼠标、3C数码产品、内衣、移动电源、运动装备（羽毛球拍、明星球衣、拉力器等）、音响、耳机、蓝牙耳机、登山包、眼镜、名片夹、鼠标、机器人玩具

2) 创意礼物：
测谎仪、车模、船模、移动电源、打火机、闹钟、台灯、水杯、存钱罐、水晶印章、炭雕、减压球、木头钟、骷髅烟灰缸、搞笑面具、太阳能玩具、折纸拼模、星座钥匙扣、个性照片拼图

2. 适合女性的礼物精选

1) 美丽礼物：
衣服、包包、香水、化妆品、美容喷雾器、蒸面仪、吊坠、手链、手镯、瘦身按摩器、衣链、香薰、加湿器、太阳镜、口红、披肩、丝巾、腰链、腰带、脚链、胸针、发饰、玉镯、女表、耳钉、衣链

2) DIY/刻字礼物 ：
娃娃、抱枕、手链、水杯、摆件、吊坠、手机壳、影集、DIY蛋糕、DIY幸运星、DIY千纸鹤、DIY十字绣、DIY泥人、DIY相册、水瓶、玫瑰花礼盒、情书、巧克力、玫瑰、鲜花、梳子、水晶摆件、音乐盒、糖果盒、沙漏、竹简情书

18. 1년 365일 각양각색 명절

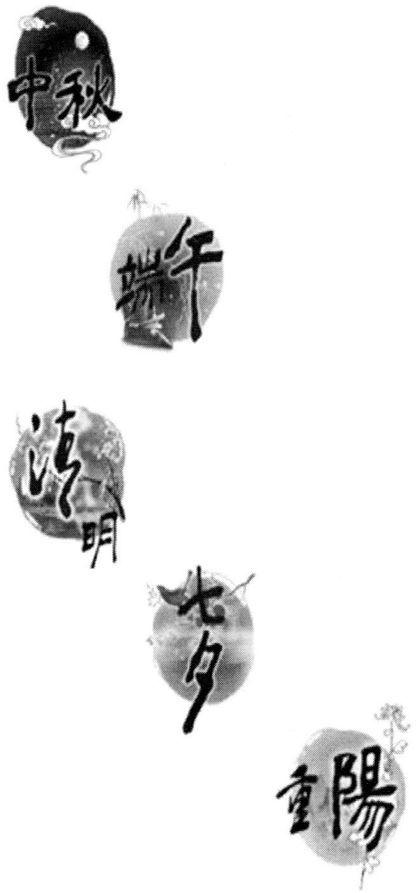

설날(春节)을 맞이하며,
한 해가 시작됩니다.
명절에는 가족들과
맛있는 음식도 먹고,
즐거운 시간을 보냅니다.
설날(春节)을 지나면 또 다시
추석(中秋节)을 기다려야겠지요?
하지만, 여기서 끝이 아니예요!
원소절(元宵节), 청명절(清明节),
단오절(端午节) 그리고......
노동절(劳动节), 국경절(国庆节)까지
1년 365일 다채로운 명절이
우리를 기다린답니다.

中国最重要的传统节日

중국의 전통 명절

관련어 엿보기

元宵节
[Yuánxiāojié]
정월 대보름

1、元宵节

中国民间传统节日。正月十五，又称元宵、元夕、元夜等。宋代时开始有吃元宵的习俗。元宵习俗有赏花灯、包饺子、闹年鼓、猜灯谜等。元宵即圆子，用糯米粉做成实心的或带馅的圆子，可带汤吃，也可炒吃、蒸吃。

清明节
[Qīngmíngjié]
청명절

2、清明节

中国民间传统节日。按农历算在三月上半月，按阳历算则在每年四月五日或六日。此时天气转暖，风和日丽，“万物至此皆洁齐而清明”，所以叫清明节。其习俗有扫墓、踏青、荡秋千、放风筝、插柳戴花等。

• 赏花灯[shǎnghuādēng] 꽃등을 구경하다 • 闹年鼓[nàoniángǔ] 대보름 북놀이 하다
• 猜灯谜[cāidēngmí] 등롱에 수수께끼를 붙여 푸는 놀이 • 糯米粉[nuòmǐfěn] 찹쌀가루
• 圆子[yuánzi] 완자 • 实心[shíxīn] 성심성의 • 馅[dàixiàn] 만두소 • 转暖[zhuǎnnuǎn] 따뜻해지다
• 风和日丽[fēnghérìlì] 날씨가 좋아지다 • 至此皆洁齐[zhìcǐjiējiéqì] 이때가 되면 다 깨끗해지다
• 扫墓[sǎomù] 성묘하다 • 踏青[tàqīng] 청명절 나들이 가다 • 放风筝[fàngfēngzheng] 연 날리다
• 荡秋千[dàngqiūqiān] 그네를 타다 • 柳戴花[liǔdàihuā] 버드나무 꽃

3、端午节

中国民间传统节日。又称端阳、重五等。“端”是“初”的意思。端午原是月初午日的仪式，因“五”与“午”同音，农历五月初五定为端午节。一般认为，该节与纪念屈原有关。据说屈原一片忠心却被免去官职，在五月初五跳江而死，人们争先恐后地划船去救屈原，后来演变成了划龙舟的传统。人们还投粽子到江里，以保护屈原的遗体，而有了吃粽子的传统。端午的习俗还有喝雄黄酒、挂香袋、插花和菖蒲、斗百草、驱“五毒”等。

端午节
[DuānwǔJié]
단오

4、七夕节

中国民间传统节日。又称少女节或七夕。相传，银河东岸的织女嫁给河西的牛郎后，由于织女织作稍慢，天帝生气将织女逐回，只许两人每年农历七月初七夜晚在鹊鸟搭成的桥上相会。民间传说在牛郎织女鹊桥相会的时候，妇女们摆酒宴，以乞巧。

七夕节
[Qīxījié]
칠석날

- 仪式[yíshì] 의식 • 屈原[Qū Yuán] 굴원(전국시대 정치가, 문학가) • 免去[miǎnqù] 면직하다
- 官职[guānzhí] 관직 • 争先恐后[zhēngxiānkǒnghòu] 앞을 다투다 • 演变[yǎnbiàn] 변화하다
- 划龙舟[huálóngzhōu] 용선놀이를 하다 • 粽子[zòngzi] 쫑쯔 • 遗体[yítǐ] 시체
- 雄黄酒[xiónghuángjiǔ] 웅황주 • 菖蒲[chāngpú] 창포 • 斗百草[dòubǎicǎo] 투초놀이 하다
- 驱[qū] 가축을 몰다 • 织女[Zhīnǚ] 직녀 • 织作[zhīzuò] 직물 짜다 • 牛郎[Niúláng] 견우
- 岸[àn] 강기슭 • 天帝[Tiāndì] 옥황상제 • 逐回[zhúhuí] 쫓겨 되돌아오다 • 鹊鸟[quèniǎo] 까치
- 搭桥[dāqiáo] 교량을 놓다 • 相会[xiānghuì] 재회하다 • 摆酒宴[bǎijiǔyàn] 술잔치를 벌이다
- 乞巧[qǐqiǎo] 걸교하다(칠석날 저녁에 처녀들이 바느질을 잘 할 수 있게 하여 달라고 빌다)

春节回家一趟好不容易

A: 哎呀，好不容易买到了回家的火车票。

B: 你们买火车票为什么那么难?

A: 人多嘛。每年春节回家对我们来说都不容易。

B: 你这次好不容易回一趟，最想干什么?

A: 就见一见亲戚朋友，一起吃个年夜饭，看春节晚会。

B: 跟我们差不多。那你给家人的礼物准备好了吗?

A: 我买了剪纸作品。我要把它拿回去贴在我家窗户上。

B: 你们还有什么特别的习俗吗?

A: 我们除了剪纸之外，还准备一些对联、福字等都贴在门上，祝福新的一年里健康快乐 。

A: 很有意思。

• 好不容易[hǎoburóngyi] 가까스로 • 剪纸[jiǎnzhǐ] 종이 공예 • 对联[duìlián] 대련
• 年夜饭[niányèfàn] 섣달 그믐날 저녁에 식구가 다 모여서 함께 먹는 저녁 식사 • 贴[tiē] 붙이다

사진 속 단어 이야기

우리가 모르는 또 다른 중국의 명절

重阳节[Chóngyángjié]

重阳节，为每年的农历九月初九日，是中国民间的传统节日。《易经》中把“九”定为阳数，“九九”两阳数相重，故曰“重阳”；因日与月皆逢九，故又称为“重九”。九九归真，一元肇始，古人认为九九重阳是吉祥的日子。古时民间在重阳节有登高祈福、秋游赏菊、佩插茱萸、拜神祭祖及饮宴求寿等习俗。传承至今，又添加了敬老等内涵，于重阳之日享宴高会，感恩敬老。登高赏秋与感恩敬老是当今重阳节日活动的两大重要主题。

동지날 중국에서는 무엇을 먹죠

冬至节[Dōngzhìjié]

冬至节俗称“冬节”、“长至节”或“亚岁”等。冬至兼具自然与人文两大内涵，既是二十四节气中一个重要的节气，也是中华民族共同的传统节日。冬至被视为冬季的大节日，在古代民间有“冬至大如年”的讲法，冬至又被称为“小年”，冬至一到，新年就在眼前，所以古人认为冬至的重要程度并不亚于新年。古时候，漂在外地的人到了这时节都要回家过冬节，所谓“年终有所归宿”。在我国南方沿海部分地区至今仍延续冬至祭祖的传统习俗。在我国北方一些地区，每年冬至日，有吃饺子的习俗。

世界各地不同节日

1. **洒红颜色节（印度）**：每年春天，为了纪念冬天的结束，明亮多彩的粉末填满了街道，人们互相投掷粉末。这代表了善恶战胜的胜利，并以印度教神克里希纳为基础。她喜欢玩恶作剧，并将水和颜色泼到乡下女孩身上。

2. **金毛猎犬节（苏格兰）**：金毛猎犬来自苏格兰连绵起伏的丘陵，2006年夏天，来自各地的数百只金毛猎犬前往祖国庆祝苏格兰金毛俱乐部成立50周年。业主非常喜欢这一点，因此他们已经成为年度聚会。

3. **猴子自助节（泰国华富里省）**：每年11月，村民都会为该地区的猴子准备食物，享受免费餐。它被认为是一种纪念印度猴神哈努曼的方式。节日带来的额外旅游只是一个额外的好处。

4. **Cooper的希尔芝士滚动节（英格兰）**：每年在格洛斯特，人们聚集在一个非常陡峭的斜坡上，即Cooper's Hill。比赛的重点是在山丘上追逐奶酪轮。谁先越过终点线，就能得到奶酪轮作为胜利奖品。不少参赛者最终受伤到达医院。

5. **康尼岛美人鱼游行（布鲁克林，美国）**：这个大规模的聚会每年都在最接近夏至的星期六举行。游行庆祝夏天的开始。每年都有成千上万的人参加游行。

6. **艺术节（葡萄牙gitagueda）**：这个创意节日用于庆祝gitagueda的多样化景观，并且已经存在了大约十年。每年，人们在节日期间都会在城里挂着五颜六色的雨伞。

7. **跳婴跃（西班牙）**：每年在西班牙卡斯特里略穆尔西亚，为了庆祝科珀斯克里斯蒂的天主教盛宴，新生婴儿排成一行并放在床垫上。他们撒上花瓣和五彩纸屑，然后穿黄色和红色衣服的男人跳过它们。据说可以清除新生儿的原罪。

19. 친구야, 공부만 하지 말고, 공연도 보고, 문화생활도 좀 하면서 살자~

중국공연 어디까지 봤니?

친구야!
날씨도 좋은데
그렇게 공부만 하지 말고~
우리 오늘 공연 보러갈까?
영화보기 외에도
우리주변에
이렇게나 다채로운
예술 공연이 많다구~
중국에 왔다면
다양한 중국공연도
맛봐야하지 않겠어?
“来, 跟我走!

경극(京剧), 천극(川剧), 월극(越剧)......
"中国传统戏剧"

중국의 전통 희극

戏剧是人物通过表演故事反映生活的艺术，也是人类自身生活的展现和诉说。台上所展示的一切在现实生活中也往往存在，正如一位戏剧家所言：我们就是戏剧!

中国戏曲，早在汉代就有了百戏的记载，在13世纪发展成熟，鼎盛时期是在清代。新中国成立之初，已经发展到300多个剧种，剧目更是数不清。

京剧(平剧)是中国五大戏曲剧种之一，它被视为中国国粹。京剧的前身是徽剧。清代原在南方演出的四大徽班陆续进入北京。代表剧目是《霸王别姬》。

川剧主要流行于四川、重庆、贵州及云南部分地区。川剧脸谱是川剧表演艺术中重要的组成部分。川剧中最有名的技巧是变脸。代表剧目是《白蛇传》。

越剧是中国第二大剧种。越剧发源于浙江，发祥于上海，繁荣于全国，流传于世界。在发展中融合了昆曲、话剧等的优点，经历了由男子越剧到女子越剧为主的变化。越剧主要抒情，以唱为主，多是"才子佳人"的主题。代表剧目是《梁山伯与祝英台》、《红楼梦》。

관련어 엿보기

中国戏曲
[Zhōngguóxìqǔ]
중국전통 희극

京剧
[jīngjù]
경극

川剧
[chuānjù]
쓰촨지방 전통극

越剧
[yuèjù]
월극

- 戏剧[xìjù] 연극 • 展示[zhǎnshì] 전시하다 • 诉说[sùshuō] 하소연하다 话剧[huàjù] 연극
- 百戏[bǎixì] 중국의 갖가지의 곡예 • 悲喜剧[bēixǐjù] 희극과 비극 • 鼎盛[dǐngshèng] 한창이다
- 国粹[guócuì] 국수(한 국가 고유문화의 정화) • 徽剧[huījù] 안휘성 지방극 • 陆续[lùxù] 계속하여
- 霸王别姬[bàwángbiéjī] 패왕별희 • 脸谱[liǎnpǔ] 검보(중국 전통극 배우의 얼굴 분장)
- 技巧[jìqiǎo] 기교 • 变脸[biànliǎn] 변검 • 白蛇传[báishéchuán] 백사전 • 国剧[guójù] 국가극
- 发祥[fāxiáng] 흥기(興起)하다 • 繁荣[fánróng] 번창하다 • 绍剧[shàojù] 절강성의 지방극
- 抒情[shūqíng] 감정을 표현하다 • 才子佳人[cáizǐjiārén] 재주 있는 남자와 아름다운 여자

京剧还是唱剧?韩中合作版 ≪霸王别姬≫ 的变身

A: 我今天去韩国国立剧院看了唱剧。作品名为《霸王别姬》。

B:《霸王别姬》?我也知道，那是京剧代表作品之一。

A: 啊? 原来它是中国的京剧作品啊。
我看的是韩国人演出的唱剧，还以为韩国的作品呢。

B:《霸王别姬》以楚汉争霸为题材，讲述西楚霸王项羽在战争中负于汉王刘邦之后，与爱人虞姬生离死别的故事。

A: 原来如此。故事很有趣啊。

B: 你下次来中国的话，我带你去看京剧表演。
《梁山伯与祝英台》很值得一看。

A: 我看过《梁山伯与祝英台》的电影。

B:《梁山伯与祝英台》不但有电影，还有戏剧形式的表演。

A: 我打算今年暑假要去中国看一场京剧和其他表演。

- 唱剧[chàngjù] 창극(唱劇) • 楚汉争霸[Chǔhànzhēngbà] 초나라와 한나라가 천하를 다투다
- 题材[tícái] 재료 • 讲述[jiǎngshù] 진술하다 • 汉王刘邦[HànwángLiúBāng] 한나라 제왕 유방
- 负于[fùyú] …에게 패배하다 • 西楚霸王项羽[XīchǔbàwángXiàngYǔ] 서초 패왕 항우
- 生离死别[shēnglísībié] 생이별과 사별 • 值得[zhídé] …할 만한 가치가 있다
- 虞姬[[Yújī] 우희(항우의 첩)

사진 속 단어 이야기

강 위에서 펼쳐지는 환상적인 공연!

印象西湖[yìnxiàngxīhú]

由杭州市委市政府、浙江播广电视集团及浙江凯恩集团共同组建的“印象西湖文化发展有限公司”打造的一台大型山水实景演出。由著名导演张艺谋、王潮歌、樊跃“铁三角”导演团队联手打造的山水实景演出。

陕西 여행길에서 빠질 수 없는 아름다운 무용극!

长恨歌[chǎnghènggē]

陕西旅游集团打造推出的中国首部大型实景历史舞剧《长恨歌》，以白居易传世名篇《长恨歌》为蓝本，充分发掘景区资源，采用高科技舞美灯光，将历史故事与实景演出相结合，重现1300多年前华清宫里那段感人肺腑的李杨爱情故事。

그림자극을 본적이 있나요?

皮影戏[píyǐngxì]

一种以兽皮或纸板做成的人物剪影来表演故事的民间戏剧。表演时，艺人们在白色幕布后面，一边操纵影人，一边用当地流行的曲调讲述故事，同时配以打击乐器和弦乐，有浓厚的乡土气息。其流行范围极为广泛，并因各地所演的声腔不同，而形成多种多样的皮影戏。皮影戏是中国民间古老的传统艺术。

무술은 소림사! 소림사에 가면 무술공연 꼭 보고오세요~

少林武术[Shàolínwǔshù]

汉族武术中体系最庞大的门派，武功套路高达七百种以上，又因以禅入武，习武修禅，又有“武术禅”之称。少林寺因武艺高超，享誉海内外，少林一词也成为汉族传统武术的象征之一。表演以禅宗的理念引领奥妙的少林功夫，使其得到一种精神品质上的提升。揭示人们生活中要直面生命本体，觉悟人性。

원어민 따라잡기

京剧脸谱的各种颜色代表什么意思?

경극의 가면의 여러 가지 색채는 무엇을 의미하죠?

国家大剧院将上演京剧交响音乐会!

국립극장(국가대극원)에서 경극의 교향음학회를 개최한다고 하네.

《霸王别姬》怎么看不懂呢,
到底讲的是什么?

패왕별희는 관람해도 왜 모르겠지,
도대체 무슨 이야기야?

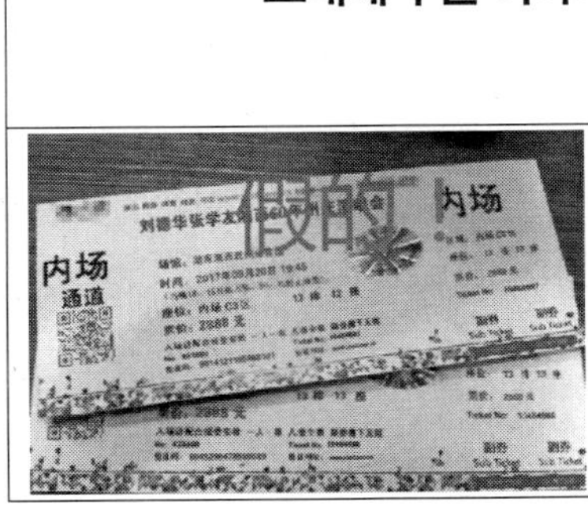

各位顾客，千万别买假票!

손님 여러분 절대로 암표 사지 마세요!

[부록]

音乐剧《我的遗愿清单》

只要活着就很有意义与价值。这是一部并非关于死亡而是述说生命的音乐剧。两人在一同执行遗愿清单的过程里发觉生命的意义－生命不能停息，就算“我”消失了，“我”这个人的生命也要影响他人，并存留在他们心底。刚从少管所里放出来的叛逆青年杨晓宇，承受不了生活的压力，萌发了轻生的念头，却在此时接到了一通宣判他“死刑”的电话－医院查出他患了癌症。得知自己患病的他，二话不说跑向了医院。

岂料与“真正患了重病死期将至”的同学刘宝在医院“不期而遇”。而他正在策划自己死前一定要完成的“遗愿清单”。二人虽是同学可感情并不深，刘宝认为就算自己离开了人世，杨晓宇也不会伤心，便向他提出如果一起执行清单，就愿意支付其高额的费用。于是，两人便开始了这场疯狂的“安慰剂计划”。原版的《我的遗愿清单》在韩国包含所有类型规模的演出顺位中排名第四位，音乐剧部分第二位。获得2015韩国文化艺术委员会大会赞助，曾在MBC，SBS，KBS等各大韩国电视台进行放送。在剧情上，音乐剧《我的遗愿清单》是靠情感把作品与观众连接起来。它可能会唤醒我们关于“友情”、“爱情”、“自由”的回忆－－曾经年少时一同经历过的疯狂和幼稚，都会在剧中找到出口。而在音乐方面，中文版制作将根据故事和情感的不断推进，让音乐与情节融合的更为紧密，用“音乐”这一介质，直击观众心灵。当两位少年把自己的心底秘密慢慢抖露出来，把自己的生命轨迹逐渐打开，他们便已经和自己的生命、人生展开对话。

20. 이웃 나라의 신기하고 기괴한 다이어트~

고추~,

풍선~,

얼음찜질~,

키스~,

빨래집게~,

립스틱~

S形体管理®

당신의 다이어트 지수는?

S라인의 신비를 꿈꾸는 아낙네들~

신비로운 다이어트 비법을 정검하다.

관련어엿보기

盘点各种新奇古怪的减肥法：

接吻减肥法：接吻一分钟能消耗身体中26卡路里的热量。一个热情的吻会使面部29块肌肉处于紧张状态，其中包括12种唇部肌肉和17种舌头部位的肌肉。所以接吻可以说是一种有效的减肥方法。

接吻
[jiēwěn]
키스하다, 입맞춤하다

涂唇膏减肥法：在吃饭前，在眉毛中间到鼻子下面的位置上涂上具有薄荷成分的护唇膏，吃饭前涂两到三次，冰凉的感受可以增强减肥的意志力，降低食欲!

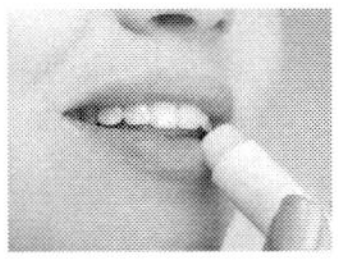

护唇膏
[hùchúngāo]
립글로스

餐前餐后刷舌减肥法：在每餐前后用软毛牙刷刷舌头，可以起到降低食欲的功效。过厚的舌苔会令味觉神经减弱，刷掉过厚的舌苔可以提高舌上味觉神经的灵敏度。

辣椒
[làjiāo]
고추

餐前生食辣椒减肥法：在饭前吃下大量的生辣椒，吃不了太辣的人可以选择不辣的菜椒，这有两方面的作用，一方面能刺激肠胃不想吃东西，另一方面辣椒素能帮助燃烧脂肪。

• 盘点[pándiǎn] 정리 • 新奇古怪[xīnqígǔguài] 새롭고 기이한. • 减肥[jiǎnféi] 다이어트
• 消耗[xiāohào] 소모하다 • 眉毛[méimao] 눈썹 • 卡路里[kǎlùlǐ] 칼로리 • 肌肉[jīròu] 근육
• 唇部[chúnbù] 입술 • 薄荷[bòhe] (식물) 박하 • 意志力[yìzhìlì] 의지력 • 降低[jiàngdī] 낮추다
• 刷shuā] 솔질을 하다 • 舌头[shétou] 혀 舌苔[shétāi]설태 • 涂[tú] 바르다, 칠하다
• 灵敏度[língmǐndù] 민감도 • 食欲[shíyù] 식욕 • 刺激[cìjī] 자극하다 • 脂肪[zhīfáng] 지방
• 辣椒素[làjiāosù] 캡사이신 • 燃烧[ránshāo] 연소하다, 타다

大吹气球减肥法：每日吹3次气球，每次吹5～10遍，逐渐加大吹气量，以不吹破气球为标准，这样就能达到减肥目的。吹气球运动其实就等同于深呼吸运动，它能增加人的肺活量，促进新陈代谢，消耗能量和脂肪，起到瘦身作用。

吹气球
[chuīqìqiú]
풍선을 불다

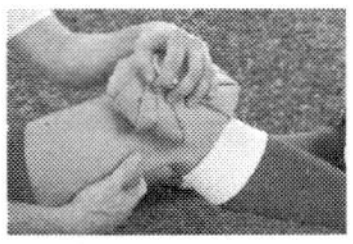

握冰敷冰
[wòbīngfūbīng]
얼음을 쥐고 바르다.

握冰敷冰减肥法：用两瓶小的瓶装水，放入冰箱等结冰后，然后将冰瓶握在手上做举放运动30秒，之后放下冰瓶等手变回常温后，再握住冰瓶做重复的运动，反复做5次。手恢复正常温度的过程中，需要借助身体其它部位热量的传递，这便促进了血液循环，加速新陈代谢。

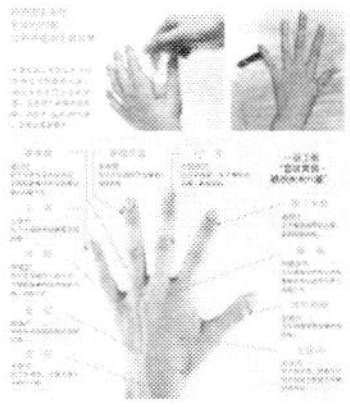

夹洗衣夹
[jiāxǐyījiā]
빨래집게 집다

夹洗衣夹减肥法：此方法对于一般人来说可能有些残忍，要用洗衣夹夹住手指，这可以刺激穴道，达到瘦身的目的。

• 反射[fǎnshè] 반사하다 • 血液[xuèyè] 혈액 • 循环[xúnhuán] 순환 • 达到[dádào] 도달하다
• 新陈代谢[xīnchéndàixiè] 신진대사 • 破[pò] 찢어지다 파손되다 • 肺活量[fèihuóliàng] 폐활량
• 握[wò] (손) 쥐다 • 冰瓶[bīngpíng] 얼린 병 • 敷[fū] 바르다 • 结冰[jiébīng] 얼음 얼다
• 举放运动[jǔfàngyùndòng] 손을 움켜줬다 폈다 하는 운동 • 常温[chángwēn] 상온온도
• 重复[chóngfù] 중복하다 • 传递[chuándì] 전달하다 • 反复[fǎnfù] 반복하다
• 夹[jiā] 끼우다, 집다 • 洗衣夹[xǐyījiā] 빨래집게 • 残忍[cánrěn] 잔혹하다
• 手指[shǒuzhǐ] 손가락 • 穴道[xuédào] (침구) 경혈

爬到你们学校，会变成萝卜腿了!

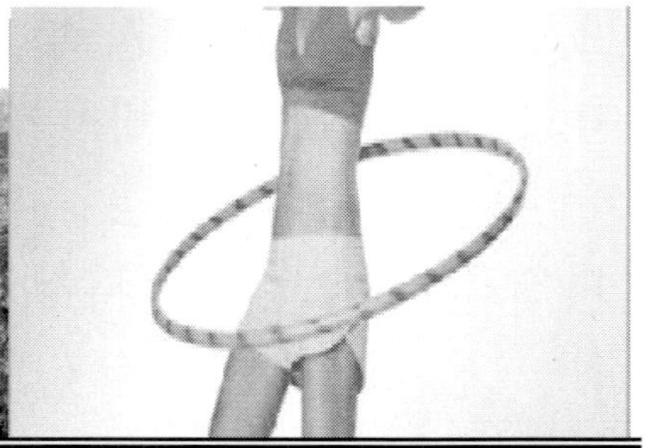

A: 小胖子，金小胖子，等等我。

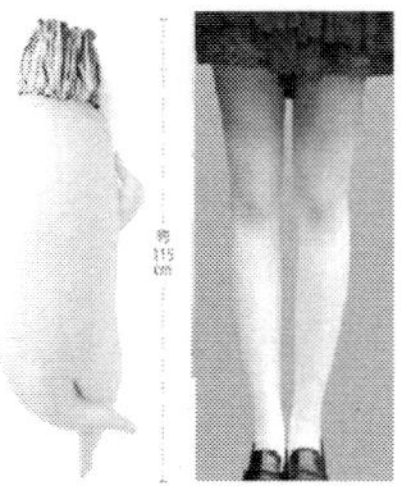

B:（回头说）你这个小丑儿，又叫我小胖子。

A: 可是你最近真的发福了啊!

B: 的确，我连喝水都能长胖, 真是无奈。

A: 你可以经常来我们学校，相当于爬山减肥了。

B: 要是爬到你们学校，我的美腿都变成萝卜腿了。

A: 你别那么夸张好不好。

我们学校虽然在山上要爬坡，但也没到你说的那个程度。

B: 行了，行了! 我知道了。

• 小胖子[xiǎopàngzi] 뚱보 • 小丑儿[xiǎochǒu] 어릿광대 • 发福[fāfú] 살찌다 • 的确[díquè] 참으로
• 长胖[zhǎngpàng] 살찌다 • 无奈[wúnài] 어찌할 도리가 없다 • 萝卜腿[luóbotuǐ] 무다리
• 夸张[kuāzhāng] 과장하다 • 爬坡[pápō] 언덕을 오르다 • 程度[chéngdù] 정도, 수준

사진 속 단어 이야기

약으로 다이어트 한다.

减肥药[jiǎnféiyào]
具有减肥瘦身作用的药品。随着审美观念的改变，衍生出来的一种能够使人们达到瘦身目的的药品。因其能让身体更快纤瘦的减肥效果而受到减肥需求者的喜爱。市面上充斥着各种各样的假冒伪劣减肥药。

나는 커피숍에서 즐기며 다이어트 한다.

减肥茶[jiǎnféichá]
减肥茶通过了功能学和毒理学实验证明，可促进脂肪代谢，维持正常的生理机能，克服了替食型、排汇型、神经抑制型等减肥产品破坏饮食规律，降低人体机能，而诱发其它疾病的缺点。

건강에도 좋은 운동 다이어트

运动减肥法[yùndòngjiǎnféifǎ]
运动减肥法是减肥方法中能健康减肥、有效减肥方法之一。运动减肥具体方法主要以耐力性锻炼项目为主，辅助体操运动、球类项目、健美操、迪斯科、舞蹈等都有很好的减肥作用。

수영도 하고 살도 빼고

游泳减肥[yóuyǒngjiǎnféi]
人在水中游泳，两臂划水同时两腿打水或蹬水，全身肌肉群都参加了运动，可以使全身的肌肉得到良好的锻炼。常进行游泳运动，可以逐渐去掉体内过多的脂肪，而不会长得肥胖。

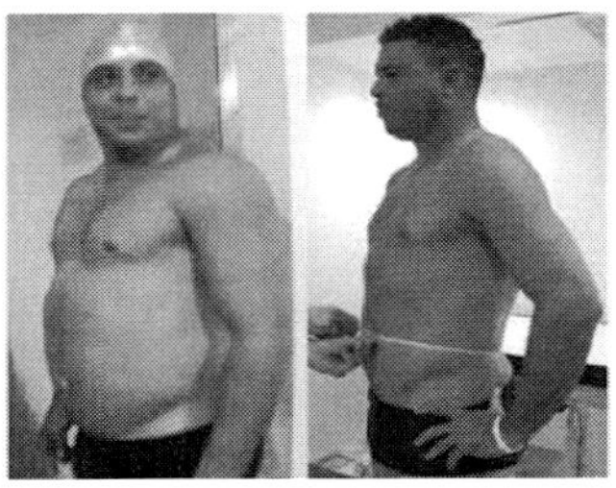

원어민 따라잡기

中国大陆最有S曲线的美女星有哪些?

중국 대륙 최고의
S라인 여배우는 누가 있죠?

今天的减肥菜谱就是鸡胸肉和苹果。

오늘의 다이어트 식단은
닭 가슴살과 사과이다.

A4腰已经不足以形容女明星的曲线了。

A4허리로 여배우의 허리둘레선을 묘사하기에는 시대가
너무 흘렀다.

我肥胖的啤酒肚怎么才能去掉呢?

내 맥주배(똥배)는 어떻게 없애죠?

[부록]

古代女人以什么为美?

古代女性的美第一在肌肤，且以肤色白为最难得。“妇人本质，惟白最难。常有眉目口齿般般入画，而缺陷独在肌肤者。”生为黄种人的汉民族，自先秦以来就以肌肤白为美，到明、清时代，这种“一白遮百丑”的观念更为强烈。李渔经过多年观察，总结女演员化妆的经验，认为某些肌肤不白的人，也可以使其变白。他把皮肤是否白嫩看作是女性美的第一标准。

其次是眉眼。“面为一身之主，目又为一面之主”。眼睛是心灵的窗户。“察心之邪正，莫妙于观眸子。”李渔认为，女人的眼睛大小粗细与其人的情性刚柔，心思愚慧有密切关系。眉眼以细长清秀为最美，其性格必然柔和聪慧。

再次为手足。手以“纤纤玉指”为最美，但具有“纤纤玉指”的女子太少，“十百之中，不能一二靓也”，因而在“或嫩或柔，或尖或细之中，取其一得”就可以了。美女的脚“但求窄小”而又善于走路者为最美。“直而正者，非止美观便走，亦少秽气。”

最后是修饰，李渔认为女人“无论妍媸美恶”，都要讲究修饰。但他同时又指出，修饰不能太过份，也“不可不及”，而要适度。对妇女的衣着，提倡洁和雅。“妇人之衣，不贵精而贵洁，不贵丽而贵雅，不贵与家相称，而贵与貌相宜。”他特别强调衣服的色调要与人的脸色相协调。“面颜近白者，衣色可深可浅；其近黑者，则不宜浅而独宜深，浅则愈彰其黑矣。”

--百度百科--

開始節食
瘦很多
怎樣...
我就是胖得有個性啦！
正常吃
胖回來
加強節食
只瘦一點
暴飲暴食
更胖

21. 중국에는 이런 학과도 다 있었네~

중국 유일무이한 전공을
배우다!

상품 표준화품질측정 전공,
수출입 통관 관리를
세관관리,
감리설계, 감리금융학,
물자구매 관리학,
전파미디어학, 포장공정학,
방직 디자인 전공
이 전공에서 학생들은
무엇을 배울까?

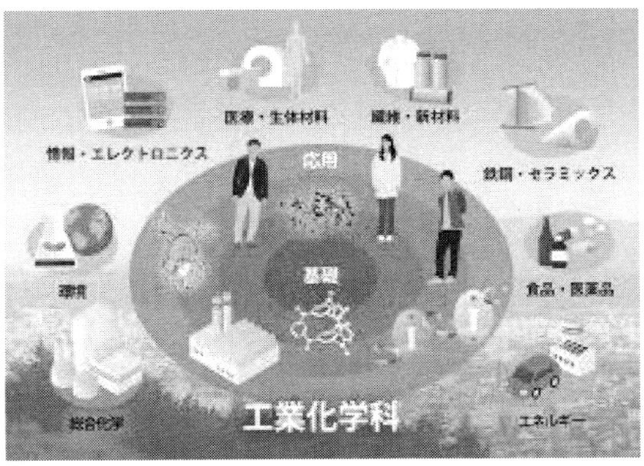

처음 듣는 이색 전공~

우리 대학은 이런 학과, 전공도 있다!

中国有六所独一无二的高校，这六所院校有全国唯一的特殊专业。

北京服装学院是全国唯一以服装命名的高等院校，由原纺织工业部划归北京市政府管理。设计学是他们最具特色的专业，享有博士学位授予权。

国家新闻出版广播电视电影总局与北京市政府共建的北京印刷学院，具有工科、文科结合的鲜明特色。该校的印刷工程专业为国家特色专业，同时还拥有传播学、包装工程、材料与工程等北京市几大特色专业。

中国质量技术监督行业唯一的大学、以工科专业为主的中国计量大学设有计量、标准化质量检测、质量管理等国家特色专业。

隶属于国家海关总署的上海海关学院有国家唯一特设的海关管理与海关法、税务学等国家特色专业。

南京审计大学是教育部、财政部、审计署与江苏省人民政府共建的高校。该校设有设计学、金融学、财政学等国家特色专业。

隶属国家物资部和国内贸易部的北京物资学院设有购管理、物流管理、物流工程、流通法等特色专业。

관련어엿보기

独一无二
[dúyīwú'èr]
유일하다

海关 [hǎiguān]
세관(稅關)

印刷
[yìnshuā]
인쇄하다

• 流通[liútōng] 유통하다 • 传播[chuánbō] 유포하다 • 包装[bāozhuāng] 포장
• 命名[mìngmíng] 명명하다, 이름을 짓다 • 质量[zhìliàng] 품질 • 技术[jìshù] 기술
• 监督[jiāndū] 감독 • 行业[hángyè] 업계 • 检测[jiǎncè] 검사 • 隶属[lìshǔ] 포함되다
• 总署[zǒngshǔ] 본부 • 税务[shuìwù] 세무 • 唯一[wéiyī] 유일한
• 审计署[shěnjìshǔ] 심계서(정부, 국영기업의 재무감사기관)

韩国大学有什么独特的专业?

A: 我本科想去韩国留学。你觉得去哪个学校比较有前途?

B: 现在去韩国留学的人太多了。

A: 所以我才找你打听一下呢。能给我推荐一下吗?

B: 那你就学点儿别人不怎么学的专业吧。

A: 韩国的大学有哪些独一无二的专业?

B: 韩国的大学有围棋学系、毒药酒精学系、 泡菜发酵学系、葬礼指导系、昆虫产业学系。

A: 真没想到韩国的大学竟然会有这么多独特的专业。

- 本科[běnkē] (대학교) 학부 • 前途[qiántú] 앞길, 전망 独一无二[dúyīwú'èr] 유일무이하다
- 打听[dǎting] 물어보다 • 围棋[wéiqí] 바둑 • 酒精[jiǔjīng] 알코올 • 毒药[dúyào] 마약
- 泡菜[pàocài] 김치 • 发酵[fājiào] 발효하다 • 竟然[jìngrán] 뜻밖에, 의외로
- 葬礼[zànglǐ] 장례, 장의(葬儀) • 美发[měifà] 헤어 스타일 • 指导[zhǐdǎo] 지도하다
- 昆虫[kūnchóng] 곤충 • 产业[chǎnyè] 산업, 사업 • 独特[dútè] 독특하다

사진 속 단어 이야기

가재 조리 전공

小龙虾专业[xiǎolóngxiāzhuānyè]
小龙虾专业是小龙虾生产大省湖北的一些院校为适应市场需求而设置的围绕小龙虾产业，在烹饪、餐饮等方面培养技能人才的专业方向设立的专业。

세관관리 전공

海关管理专业[hǎiguānguǎnlǐzhuānyè]
海关是国家行政机关，是国家进出境监督管理机关，海关的监督管理是国家行政执法活动的专业。其任务是监管进出境的运输工具、货物、行李物品、邮递物品和其他物品，征收关税和其他税费，查辑走私，编制海关统计和其他海关业务的专业。

디자인학

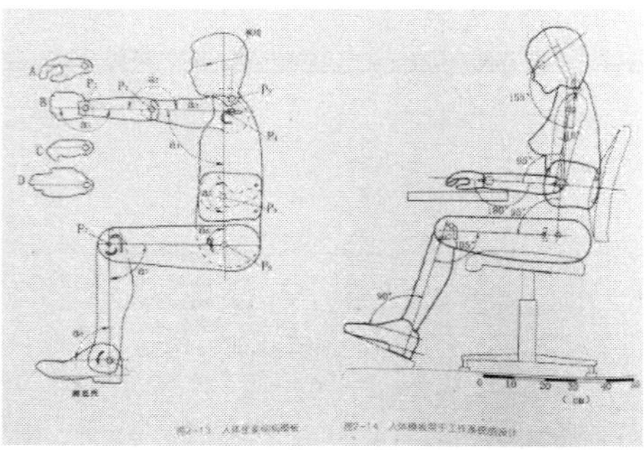

设计学[shèjìxué]
设计学是一门理、工、文相结合，融机电工程、艺术学、人机工效学和计算机辅助设计于一体的科技与艺术相融合的新型交叉学科。

원어민 따라잡기

最近几年最热门的专业是什么?

최근 몇 년간 최고 인기 전공은 무엇이죠?

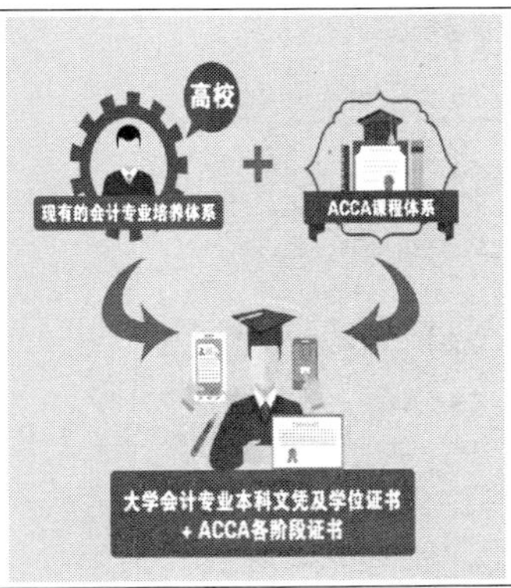

三百六十行，行行出状元。

360가지의 직종에서 모두 장원이 나온다.

(모든 직업에는 전문가가 있다)

报考研究生应该选“热门专业”

该是“冷门专业”？

대학원에 응시 학생들은 당연히 인기학과 또는

비인기학과를 선택해야 한다.

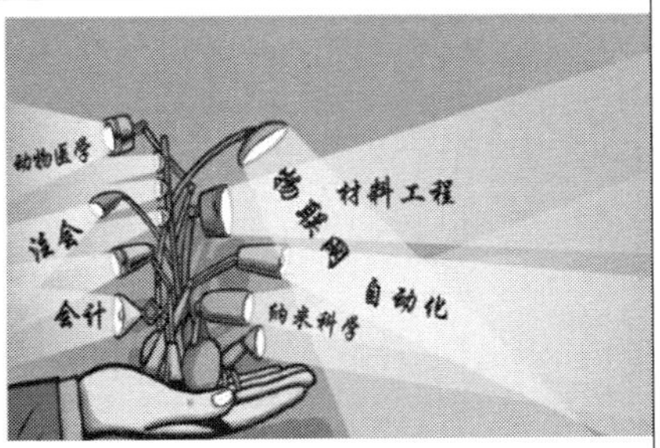

双学位不一定顺利,

甚至有可能成为你的恶梦!

복수전공은 순조로운 것만은 아니고,

당신에게 악몽이 될 수 있어요

[부록]

中国大学基础专业

哲学	经济学	金融学	贸易学
政治学	外交学	社会学	民族学
马克思主义理论	教育学	中国语言文学	外国语言文学
公安学	历史学	考古学	新闻传播学
法学	物理学	地质学	天文学
数学	化学	生物科学	化学工程
机械工程	软件工程	口腔医学	图书馆学
建筑学	森林保护	海洋科学	地球物理学
农业工程	心理学	统计学	力学
材料化学	能源与动力工程	信息工程	自动化
计算机科学	土木工程	水利工程	测绘工程
石油工程	纺织工程	航空航天工程	核工程
森林工程	环境工程	生物医学工程	食品科学
风景园林	生物工程	动物科学	动物医学
海洋渔业科学	草业科学	基础医学	临床医学
中医学	药学	法医学	护理学
管理科学	物流工程	艺术学	音乐学
舞蹈学	戏剧学	美术学	体育学

색 인

A

B

C

传递[chuándì] 전달하다 (20과)
传来[chuánlái] 전해 내려오다 (17과)
传说[chuánshuō] 전설 (3과)
创新[chuàngxīn] 창의적 (7과)
创造[chuàngzào] 창조하다 (3과)
唇部[chúnbù] 입술 (20과)
此外[cǐwài] 이 밖에 (2과)
刺激[cìjī] 자극하다 (20과)
匆匆[cōngcōng] 황급한 모양 (11과)
从此[cóngcǐ] 그로부터 (3과)
促进[cùjìn] 촉진하다 (7과)
促销[cùxiāo] 판매를 촉진시키다 (10과)
催婚[cuīhūn] 결혼을 재촉하다 (14과)

D

搭配[dāpèi] 배합하다, 결합하다 (14과)
搭桥[dāqiáo] 교량을 놓다 (18과)
达到[dádào] 도달하다 (20과)
答辩[dábiàn] 답변하다 (2과)
打喷嚏[dǎpēnti] 재채기하다 (13과)
打听[dǎting] 물어보다 (21과)
打折[dǎzhé] 할인하다, 에누리하다 (12과)
大跌眼镜[dàdiēyǎnjìng] 매우 놀라다 (14과)
大龄剩女[dàlíngshèngnǚ] 노처녀 (14과)
大蒜[dàsuàn] 마늘 (3과)
大有不同 큰 차이가 있다 (2과)
大致[dàzhì] 대체로 (4과)
戴[dài] 착용하다 (12과)
单车[dānchē] 자전거 (14과)
单聊[dānliáo] 개인톡 (10과)
单调[dāndiào] 단조롭다 (7과)
诞生[dànshēng] 태어나다 (3과)
当兵[dāngbīng] 군대에 가다 (1과)
当地[dāngdì] 현지 (1과)
荡秋千[dàngqiūqiān] 그네를 타다 (18과)
倒酒[dàojiǔ] 술을 따르다 (5과)
祷告[dǎogào] 기도하다 (3과)
的确[díquè] 참으로 (20과)
等不及[děngbují] 기다리지 못하다 (9과)
鼎盛[dǐngshèng] 한창이다 (19과)
订餐[dìngcān]음식을 주문하다 (10과)
订单[dìngdān] 주문서 (10과)
定餐[dìngcān] 요리 주문하다 (10과)
动力[dònglì] 동력(動力) (8과)
斗百草[dòubǎicǎo] 투초 놀이 하다 (18과)
斗争[dòuzhēng] 투쟁하다 (17과)
毒药[dúyào] 마약 (21과)
独特[dútè] 독특하다 (21과)
独一无二[dúyīwú'èr] 유일무이하다 (21과)
断火[duànhuǒ] 불을 꺼뜨리다 (13과)
对联[duìlián] 대련 (18과)
对手[duìshǒu] 상대 (12과)
顿[dùn] 한 끼 (14과)

E

恶灵[èlíng] 악령 (13과)
而[ér] 그러나 (1과)
而已[éryǐ] …만, …뿐 (5과)
二、三线城市[èrsānxiànchéngshì] 중소도시 (9과)
二维码[èrwéimǎ] QR코드 (10과)
发达[fādá] 발달 (8과)
发福[fāfú] 살찌다 (20과)
发酵[fājiào] 발효하다 (21과)
发祥[fāxiáng] 흥기(興起)하다 (19과)
法律文书[fǎlǜwénshū] 법률문서 (15과)
烦死了[fánsǐle] 귀찮다, 짜증난다 (14과)
繁荣[fánróng] 번창하다 (19과)
反复[fǎnfù] 반복하다 (20과)
反射[fǎnshè] 반사하다 (20과)
反映[[fǎnyìng] 반영하다 (5과)
反正[fǎnzhèng] 어쨌든, 아무튼 (12과)
方便面[fāngbiànmiàn] 인스턴트 라면 (11과)
放风筝[fàngfēngzheng] 연 날리다 (18과)
放弃[fàngqì] 포기하다 (3과)
非…不可[fēi…bùkě] 꼭…한다 (5과)
肺活量[fèihuóliàng] 폐활량 (20과)
分享[fēnxiǎng]나누다 (5과)
氛围[fēnwéi] 상황, 정세 (8과)
丰富多彩[fēngfùduōcǎi] 풍부하고 다채롭다 (1과)
风和日丽[fēnghérìlì] 날씨가 좋아지다 (18과)
疯狂[fēngkuáng] 광분하다 (15과)
奉劝[fèngquàn] 충고하다 (14과)
敷[fū] 바르다 (20과)
服饰[fúshì] 의복과 장신구 (12과)

降低[jiàngdī] 낮추다 (20과)
皆[jiē] 모두, 전부 (11과)
接触[jiēchù] 접촉 (13과)
接受[jiēshòu] 수락하다 (14과)
结冰[jiébīng] 얼음 얼다 (20과)
解码[jiěmǎ] 코드 해독하다 (10과)
借鉴[jièjiàn] 참고하다 (7과)
金贵度[jīnguìdù] 귀중도 (15과)
尽快[jǐnkuài] 되도록, 빨리 (6과)
尽力而为[jìnlì'érwéi] 최선을 다하다 (8과)
禁忌[jìnjì] 금기 (13과)
经[jīng] 거치다 (7과)
精神[jīngshén] 정신 (2과)
精神[jīngshen] 정신 (3과)
精神[jīngshén] 정신 (7과)
精卫填海[Jīngwèitiánhǎi] 정위가 바다를 메우다 (3과)
竞争力[jìngzhēnglì] 경쟁력 (9과)
竟然[jìngrán] 뜻밖에, 의외로 (21과)
酒鬼[jiǔguǐ] 술고래, 주정뱅이 (5과)
酒精[jiǔjīng] 알코올 (21과)
酒水[jiǔshuǐ] 주류 (4과)
酒窝[[jiǔwō] 보조개 (6과)
就餐[jiùcān] 밥을 먹다 (4과)
就业率[jiùyèlǜ] 취업률 (9과)
居住[jūzhù] 살다 (15과)
举办[jǔbàn] (행사) 거행하다 (16과)
举放运动[jǔfàngyùndòng] 손을 움켜쥤다 폈다 하는 운동 (20과)
举行[jǔxíng] 거행하다, 개최하다 (6과)
俱佳[jùjiā] 모두 좋다 (9과)
聚会[jùhuì] 회합, 모임 (6과)
聚集[jùjí] 모이다 (12과)
军事[jūnshì] 군사 (1과)
君主[jūnzhǔ] 군주 (3과)

K

卡[kǎ] 카드 (1과)
卡路里[kǎlùlǐ] 칼로리 (20과)
开除[kāichú] 제명하다 (14과)
开阔[kāikuò] 넓히다 (7과)
看中[kànzhòng] 마음에 들다 (14과)
考研[kǎoyán] 대학원 시험을 보다 (8과)
考验[kǎoyàn] 시험하다 (3과)
颗[kē] (양사) 방울 (11과)
渴[kě] 목타다 (11과)
渴望[kěwàng] 갈망하다 (15과)
空闲[kòngxián] 한가하다 (14과)
恐怕[kǒngpà] 아마~일 것이다 (6과)
枯萎[kūwěi] 마르다, 시들다 (3과)
夸张[kuāzhāng] 과장하다 (20과)
昆虫[kūnchóng] 곤충 (21과)

L

辣椒素[làjiāosù] 캡사이신 (20과)
浪漫[làngmàn] 로맨틱하다 (6과)
老虎[lǎohǔ] 호랑이 (3과)
类型[lèixíng] 유형 (6과)
礼仪[lǐyí] 예절 (5과)
理想型[lǐxiǎngxíng] 이상형 (6과)
历法[lìfǎ] 역법 (17과)
隶属[lìshǔ] 포함되다 (21과)
联想[[liánxiǎng] 연상하다 (11과)
脸谱 [liǎnpǔ] 검보(중국 전통극 배우의 얼굴 분장) (19과)
辽阔[liáokuò] 넓고넓다 (2과)
临时[línshí] 임시 (14과)
灵敏度[língmǐndù] 민감도 (20과)
领悟[lǐngwù] 깨닫다, 이해하다 (8과)
领域[lǐngyù] 분야, 영역 (8과)
领走[lǐngzǒu] 가져가다 (14과)
浏览器[liúlǎnqì] 웹 브라우저 (10과)
流传[liúchuán] 대대로 전해 내려오다, 세상에 널리 퍼지다 (11과)
流通[liútōng] 유통하다 (21과)
柳戴花[liǔdàihuā] 버드나무 꽃 (18과)
遛狗[liùgǒu] 강아지 산책시키다 (14과)
陆续[lùxù] 계속하여 (19과)
录取[lùqǔ] 합격시키다 (1과)
萝卜腿[luóbotuǐ] 무다리 (20과)

M

麻辣香锅[málàxiāngguō] 마라샹궈 (4과)
麻辣小龙虾[málàxiǎolóngxiā]

N

O

P

Q

R

人类[rénlèi] 인류 (3과)
忍受[rěnshòu] 견뎌내다, 이겨내다 (14과)

S

扫码[sǎomǎ] QR코드를 스캔하다 (14과)
扫墓[sǎomù] 성묘하다 (18과)
山洞[shāndòng] 산속 동굴 (3과)
善待[shàndà] 좋게 대하다 (9과)
赏花灯[shǎnghuādēng] 꽃등을 구경하다 (18과)
上门[shàngmén] 방문하다 (10과)
上香[shàngxiāng] 분향하다 (4과)
烧酒[shāojiǔ] 소주 (5과)
稍等[shāoděng] 잠깐 기다리다 (4과)
绍剧[shàojù] 절강성의 지방극 (19과)
舌苔[shétāi]설태 (20과)
舌头[shétou] 혀 (20과)
设计[shèji] 설계, 디자인 (2과)
社会保障[shèhuìbǎozhàng] 사회보장 (15과)
深厚[shēnhòu] 기초가 튼튼하다 (8과)
神话[shénhuà] 신화 (3과)
神奇[shénqí] 신기하다 (3과)
神物[[shénwù] 신물 (13과)
神仙[shénxiān] 신선 (3과)
审计署[shěnjìshǔ] 심계서(정부, 국영기업의 재무감사기관) (21과)
生活[shēnghuó] 생활 (1과)
生离死别[shēnglísǐbié] 생이별과 사별 (19과)
十分[shífēn] 대단히 (5과)
实践[shíjiàn] 실천하다, 실행하다 (7과)
实习工作证明[shíxí gōngzuò zhèngmíng] 인턴 경력 증명서 (2과)
报告书[bàogàoshū] 보고서, 리포트 (2과)
实心[shíxīn] 성심성의 (18과)
实验[shíyàn] 실험하다 (7과)
食欲[shíyù] 식욕 (20과)
使命[shǐmìng] 사명 (11과)
饰品[shìpǐn] 액세서리 (10과)
试图[shìtú] 시도하다 (12과)
视觉[shìjué] 시각 (13과)
视频[shìpín] 동영상 (10과)
视野[shìyě] 시야 (7과)
是指[shìzhǐ] ~는 ~이다 (4과)
手持[shǒuchí] 손에 쥐다 (10과)
手指[shǒuzhǐ] 손가락 (20과)
守旧[shǒujiù] 구습을 지키다 (17과)
首选[shǒuxuǎn] 우선 선택하다 (15과)
首映[shǒuyìng] 처음으로 상영하다 (12과)
受欢迎[shòu huānyíng] 인기 있는 (4과)
抒情[shūqíng] 감정을 표현하다 (19과)
竖[shù] 세로 (4과)
刷shuā] 솔질을 하다 (20과)
双学位[shuāngxuéwèi] 복수전공 (8과)
税务[shuìwù] 세무 (21과)
送餐[sòngcān] 요리 배달하다 (10과)
送货[sònghuò] 배달하다 (10과)
送货上门[sònghuòshàngmén] 집 앞까지 배송하다 (12과)
搜索[sōusuǒ] 검색하다 (10과)
诉说[sùshuō] 하소연하다 (19과)
素颜[sùyán] 민낯 (12과)
随时随地[suíshísuídì] 언제 어디서나 상관없이 (10과)
随之[suízhī] 따라서 (12과)
缩写[suōxiě] 약어 (1과)

T

踏青[tàqīng] 청명절 나들이 가다 (18과)
太土了[tàitǔle] 촌스럽다 (14과)
特色[tèsè] 특색 (6과)
特效[tèxiào] 특효 (10과)
特质[tèzhì] 특질 (5과)
提供[tígōng] 제공하다 (1과)
提交[tíjiāo] 제출하다 (9과)
题材[tícái] 재료 (19과)
体会[tǐhuì] 체험하다 (1과)
体现[tǐxiàn] 구현하다 (13과)
体验[tǐyàn] 체험하다 (10과)
替代品[tìdàipǐn] 대체물 (12과)
天南海北[tiānnánhǎiběi] 아주 멀리 떨어져 있다 (6과)
添酒[[tiānjiǔ] 첨잔(상대가 술잔을 비우기 전에 항상 잔을 채움) (5과)
挑选[tiāoxuǎn] 선택하다 (14과)
调研[diàoyán] 연구 조사 (9과)
贴[tiē] 붙이다 (18과)
停课[tíngkè] 휴강하다 (1과)

W

Y

音频[yīnpín] 디지털 주파수 (10과)
银饰[yínshì] 은 장신구 (12과)
英雄[yīngxióng] 영웅 (3과)
迎娶[yíngqǔ] 아내를 맞다 (16과)
影楼[yǐnglóu] 사진관 (10과)
应付[yìngfù] 대처하다 (14과)
拥有[yōngyǒu] 보유하다, 가지다 (6과)
涌入[yǒngrù] 몰려들다 (15과)
幽默[yōumò] 유머러스한 (5과)
游览[yóulǎn] 유람하다 (7과)
有趣[yǒuqù] 흥미있다 (17과)
鱼香茄子[yúxiāngqiézi] 어향가지 (4과)
娱乐[yúlè] 즐거움 (7과)
愉快[yúkuài] 유쾌하다 (5과)
虞姬[[Yújī] 우희(항우의 첩) (19과)
愚弄[yúnòng] 우롱하다 (17과)
宇宙[yǔzhòu] 우주 (3과)
浴室[yùshì] 욕실, 목욕탕 (2과)
预示[yùshì] 예지하다 (13과)
圆子[yuánzi] 완자 (18과)
源于[yuányú] …에서 기원하다 (17과)

Z

灾祸[zāihuò] 재앙 (13과)
暂时[zànshí] 잠시 (15과)
葬地[zàngdì] 매장지 (13과)
葬礼[zànglǐ] 장례, 장의(葬儀) (21과)
造就[zàojiù] 육성해 내다 (7과)
展示[zhǎnshì] 전시하다 (19과)
长胖[zhǎngpàng] 살찌다 (20과)
招[zhāo] 손짓하다 (13과)
招待[zhāodài] 접대하다 (4과)
招聘广告[zhāopìnguǎnggào] 구인광고 (9과)
真棒 [zhēnbàng] 매우 대단하다 (10과)
真理[zhēnlǐ] 진리 (17과)
震惊 [zhènjīng] 깜짝 놀라다 (13과)
争取[zhēngqǔ] 쟁취하다 (17과)
争先恐后[zhēngxiānkǒnghòu] 앞을 다투다 (18과)
支持[zhīchí] 지지하다 (6과)
支付宝[zhīfùbǎo] 중국 모바일 전자결제 앱 (10과)
支柱[zhīzh] 기둥 (11과)
只是～而已[zhǐshì～éryǐ] 단지～할 뿐이다 (1과)
知名度[zhīmíngdù] 지명도 (15과)
织女[zhīnǚ] 직녀 (18과)
织作[zhīzuò] 직물 짜다 (18과)
脂肪[zhīfáng] 지방 (20과)
值得[zhídé] …할 만한 가치가 있다 (19과)
指导[zhǐdǎo] 지도하다 (21과)
至此皆洁齐[zhìcǐjiējiéqí] 이때가 되면 다 깨끗해지다 (18과)
至少[zhìshǎo] 최소한, 적어도 (16과)
质量[zhìliàng] 품질 (21과)
重点大学[zhòngdiǎndàxué] 중점대학, 우수대학 (8과)
重视[zhòngshì] 중시하다 (4과)
逐回[zhúhuí] 쫓겨 되돌아오다 (18과)
逐渐[zhújiàn] 차츰차츰 (7과)
逐年[zhúnián] 해마다, 매년 (9과)
住户[zhùhù] 세대 (15과)
注重[zhùzhòng] 중시하다 (4과)
祝福[zhùfú] 축복하다 (16과)
著名[zhùmíng] 저명하다, 유명하다 (7과)
专享[zhuānxiǎng] 전문적으로 즐기다 (10과)
转告[zhuǎngào] 말을 전하다 (16과)
转暖[zhuǎnnuǎn] 따뜻해지다 (18과)
追[zhuī] 쫓다 (11과)
自发[zìfā] 자발적인 (7과)
总署[zǒngshǔ] 본부 (21과)
粽子[tóuzòngzi] 쫑쯔 遗体[yítǐ] 시체 (18과)
租[zū] 빌려주다, 임대하다 (14과)
组织[zǔzhī] 조직하다 (7과)
钻石 [zuànshí] 다이아몬드 (11과)
遵守[zūnshǒu] 준수하다, 지키다 (4과)

[고유명사]